首席跨界官

——无边界时代的跨界共生战略

TRANSBOUNDARY

- ONE OF YOUR MOST READABLE BOOKS -

李 强◎著

经济管理出版社
ECONOMY & MANAGEMENT PUBLISHING HOUSE

图书在版编目（CIP）数据

首席跨界官——无边界时代的跨界共生战略/李强著 . —北京：经济管理出版社，2017.12
ISBN 978 - 7 - 5096 - 5395 - 1

Ⅰ.①首… Ⅱ.①李… Ⅲ.①商业模式—研究 Ⅳ.①F71

中国版本图书馆 CIP 数据核字（2017）第 249048 号

组稿编辑：张莉琼
责任编辑：张　艳　张莉琼
责任印制：黄章平
责任校对：赵天宇

出版发行：经济管理出版社
　　　　　（北京市海淀区北蜂窝 8 号中雅大厦 A 座 11 层　100038）
网　　　址：www. E - mp. com. cn
电　　　话：（010）51915602
印　　　刷：北京银祥印刷有限公司
经　　　销：新华书店
开　　　本：720mm×1000mm/16
印　　　张：11
字　　　数：134 千字
版　　　次：2018 年 1 月第 1 版　2018 年 1 月第 1 次印刷
书　　　号：ISBN 978 - 7 - 5096 - 5395 - 1
定　　　价：38.00 元

目　录

　　互联网打破了旧有的时空概念，为我们创造了一个更加广阔的无边界新时代，但也带来了更多的挑战：竞争对手是隐身的，跨界竞争是彻底的，跨界"打劫"是趋势性的，跨界创新是迅猛的。毫无疑问，在这样一个无边界时代里，如果你不敢跨界，就有人敢跨过来"打劫"你，一切都有可能被推倒重来。作为企业领导者，尤其需要认清这个时代的发展趋势，建立整合思维并积极创新、敢于跨界，这样才能帮助我们更好地应对这个时代，才能制胜未来。

企业领导者的行为决定企业的未来。在跨界商业中，企业领导者应该做一个"首席跨界官"，担当无边界时代企业跨界的战略制定者、方案策划者、实践引领者。"首席"自有首席的特质，其"第一"的含义之所以成立，是因为他们能够打破固有思维，建立起新型思维方式，包括跨界思维、无边界思维、"＋"思维、颠覆式思维、创新思维等。意识决定行动，企业家唯有打破旧思维，建立新思维，才有资格跨界当"官"！

在组织内外架起桥梁是实现跨界的关键，架起的桥梁越多、越有效，跨界就越顺当，收效就越显著。具体来说，在组织内部，领导者需要跨越办公室的物理隔阂、不同阶层之间的权力隔阂以及不同背景带来的文化隔阂；在组织之间，领导者要能够在客户、竞争者、合作伙伴之间成功跨界；在组织外部，领导者则要在各种社会组织中进行跨界。在组织内部、外部及组织之间的跨界沟通协调过程中，领导者要多维思辨、灵活融通、巧妙叠加、平衡协调、科学统筹地运作和掌控，这是一切需要跨界、力求统合的领导者的生存之必须、事业之必备、成功之必要。

第四章　定规建制——跨界官有效执行的能力………………45

在跨界实施过程中，领导者有效执行的能力主要体现在三个方面：建立共同目标，以引导各方步调一致；形成跨界机制，以增强凝聚力；有效的跨界执行，强调跨界的根本不是空对空，而是重在执行。这三个方面也是三个环节，在各个环节的有效领导，可以提升领导者储备知识、跨界思维、跨界沟通、团队合作和跨界角色转变的能力，并在完善的工作机制基础上提升跨界整体水平。

第五章　再造新界限——跨界官自我修炼的能力　……………57

再造新界限指的是领导者的自我修炼能力，即在发现自我的基础上，通过行为转化和发展影响力，建立新共识，进而再造新界限的能力。从这个意义上来说，领导者跨界能力的形成应该经历这三个阶段：突破管理边界；建立新共识；铸就新边界。这三个阶段的实践同时又组成三个相关的策略，即针对管理边界的缓冲和反映、针对建立新共识的联系和动员以及发现新边界的形成和转变。这三个有针对性的策略能带来安全、尊敬、信任，能加强互相依赖和自我重塑，这些结果又一起构成了集合效应，即各群体之间共同取得的成果远远超过其各自独立时可以取得的成果。这是跨界领导的终极目标。

第六章 可持续发展——跨界官组织控制的能力 ……………… 65

跨界经营可以说是企业成长、扩张的重要方式，而影响跨界经营最重要的因素是主导企业的跨界经营组织控制能力，或称跨界经营管理驾驭能力。它包含客观控制能力与主观控制能力两个方面，客观控制能力可以从团队、技术、资金、品牌及组织文化等方面来衡量；主观控制能力可以从经营业务与优势资源的关联程度、经营集权与分权的程度等方面来衡量。企业优势资源越充分，则控制能力越强，企业跨界经营也越容易成功。也就是说，作为主导企业要具备这两方面的能力，这样才能实现跨界经营的可持续发展。

跨界，是让原本毫不相干的元素能够相互渗透相互融合，从而赋予品牌一种立体感和纵深感。看似不搭界的独立个体，通过跨界完成的是资源的优化与组合，这个过程有四个维度：跨界源于共生，勿忘初心，结伴而行；跨界基于融合，跨界而来，重在融合；跨界行于共享，资源共享，创新经营；跨界谋于未来，未来整合，先需谋划。从这四个维度把握跨界要旨，方能立足高远。

在复杂的发展环境之下，合作共赢共生已经成为了很多企业的共识。不过，合作就如同一种投资，从来都是机遇与风险并存。因此，企业在跨界之后，要积极采取合纵连横策略，加快自身发展。所谓合纵，即同业合作，注重跨界共生；所谓连横，即异业合作，注重跨界共赢。这就是无边界时代企业跨界的合纵连横捭阖之道。有能力的当"武林盟主"整合他人，没能力但有利用价值的被人整合，就看谁掌握合纵连横的奥妙。

第九章 群芳谱——

一直以来，明星是品牌与消费者沟通的纽带，品牌通过明星实现宣传推广的同时，也在向消费者传达自身理念和价值观。不得不承认，在当下这个讲求"高大上与接地气并行，接地气与高大上齐飞"的时代，"体验官"这一称谓，在提升品牌调性的同时，比"代言人"这一有距离感的称谓更真实，也更接地气。

导言　未来已来，跨界共生
——企业领导者的新视角

对一个企业的发展来说，企业领导者的重要性是显而易见的。综观中外，每个成功企业的背后，无不屹立着一个卓越的企业家和他所带领的企业领导者团队。美国通用电气的杰克·韦尔奇，中国海尔的张瑞敏、联想的柳传志，等等，他们都是为人津津乐道的卓越的企业领导者。可见企业的成功和失败与企业领导的思想和行为是息息相关的。

在现代社会中，全球化的浪潮越来越凸显跨界的重要性。领导力、创意和生意的结合是跨界；艺术和商业的结合是跨界；商业价值和社会价值的结合也是跨界。企业领导者行为决定企业的未来，因此在跨界商业中，企业领导者更应该做首席跨界官，具体到企业领导者身上，就是要担当无边界时代企业跨界的战略制定者、方案策划者、实践引领者。首席跨界官不仅代表了领导者的身份和能力，更是一种企业战略。

从身份和能力的角度来说，跨界领导者能够为组织、企业解决最棘手的问题。据《哈佛商业评论》报道，可口可乐公司曾在南印度遭遇重大危机，公司每生产一升可乐需要耗水三升，地方政府和 NGO 组织以环境保护为由取缔其生产资格。为解决这一危机，可口可乐公司建立"环境与水资源"新部门，由杰夫·希伯来特担任领导。这位领导者熟知政府与 NGO 的工作规则，他知道环境部门的要求是什么、可口可乐的底线是什么、NGO 可持续发展的任务是什么。他身处不同情境，综合各方利益，调动各方解决问题。通过"到 2020 年不增加水资源负担"的项目预算，将每升可乐的生产耗水降至两升。从此，可口可乐成为公认的行业领袖。杰夫在企业、政府和 NGO 中成功跨界，攻克公司发展的"拦路虎"。

从企业战略的意义上说，跨界合作是目前潮流圈比较常见的字眼，指的是不同领域的合作，因为跨界合作最大的益处是让原本毫不相干甚至矛盾、对立的元素，相互渗透、相互融合，从而产生新的亮点，说得更加直白一些，就是创造更多的机会让消费者主动消费。跨界合作更深层的意义则是把原本的竞争对手或者毫不相干的行业者转化为合作伙伴，通过合作用最低的成本享受竞争对手或者其他企业和品牌的知名度与市场。对于一个企业来说，知名度和忠实用户数量是生存的基础，而这两个属性都是经过时间的沉淀以及宣传投入得来的，无法通过简单的金钱堆砌而达成。而跨界则是创新的必要途径：让不同行业相互结伴、共生而行，让不同资源重新组合、实现共享，合力开拓"1＋1＞2"的市场，从而使收益倍增。跨界，能够催生新事物的生命力和竞争力，这应该是一个现代企业领导者需要努力的方向！

未来已来，将会有更多的"马云""马化腾"在不同的行业、不同的领域出现。未来，数据重构商业，流量改写未来，旧思想渐渐消失，逐渐变成数据代码。面对一个跨界"打劫"的时代，你还在"单打独斗"？你还在犹豫？假如你感受到这股来势凶猛的变革，你就应该努力成为"首席跨界官"，这正是本书的主旨所在。

第一章　新变革

——无边界时代，不跨界将被"打劫"

互联网打破了旧有的时空概念，为我们创造了一个更加广阔的无边界新时代，但也带来了更多的挑战：竞争对手是隐身的，跨界竞争是彻底的，跨界"打劫"是趋势性的，跨界创新是迅猛的。毫无疑问，在这样一个无边界时代里，如果你不敢跨界，就有人敢跨过来"打劫"你，一切都有可能被推倒重来。作为企业领导者，尤其需要认清这个时代的发展趋势，建立整合思维并积极创新、敢于跨界，这样才能帮助我们更好地应对这个时代，才能制胜未来。

不知对手是谁：无边界时代最可怕的问题

互联网、大数据等新技术为商业活动创造了一个无边界时代，这个时代的时空概念已经无足轻重，信息已经成为了关键资源。在这样的情况下，新的更强大的竞争对手已经在跨界争夺你的市场，然而你却浑然不知。竞争对手之所以能够跨界争夺，并非是因为竞争对手比你强，而是你根本就不知道他们是谁，这是无边界时代最可怕的问题。

不迷思才能正确地做事。解决问题必须首先分析问题，应对无形对手的第一步是厘清现象背后的逻辑，了解无边界时代的特征，把握无边界时代的"跨界"命题。

◈ 无边界时代的特征：时空模糊，信息为王

所谓无边界，即突破传统的基本边界的隔阂，从而使活动更加自主自由。这种突破有两个重要特征：时空模糊、信息为王。

在无边界时代，空间和时间的边界越来越无足轻重。首先从空间来看，边界是一种时空概念，从某种意义上说，边界是企业和行业在某个发展阶段所抵达的时空范围，它会随着时空的推进而改变，而非一成不变的。事实上，传统贸易惯于受地理位置的束缚，地理位置是任何一个国家都特别关注的一个因素。而在无边界时代，地理位置对贸易的束缚越来越弱，因为市场准入壁垒的打破和成本的降低，所以可以跨界开办新企业，也会有更多的供应商

跨界进入新市场。其次从时间来看，以一个软件包为例，一个软件包在法国巴黎升级，向美国西雅图的一家公司提供，又在中国北京的互联网上下载，由于计算机对网络数据的应用，这样就削弱了时间的限制，使得这个软件包的国籍甚至都是模糊的。

无边界时代的另一个特征是信息为王，信息日益成为关键资源，事实上，信息的获得与竞争决定着无边界经济。而这种由信息推动的经济与传统的土地、劳动力和资本经济根本不同，它不被限制在任何一个国家或者地区内，它是可以移动的，并且可以在任何一个地方发展，从而抹杀了过去决定经济潜力的许多特征。

在时空模糊、信息为王的无边界时代，企业家应建立跨界思维，并完善跨界发展规划，在不同发展阶段做不同的事。这也正是无边界时代的商业命题。

◈ 无边界时代的商业命题：跨界

无边界时代的商业本质是跨界，包括产品的跨界、合作的跨界、竞争的跨界等，现实中，跨界联盟已遍地开花，许多传统产业都在运用"互联网思维"，跨界已经掀起一场持续火爆的商业盛宴。比如，3D街头艺术应用无边界，在形状和意象上达到统一，原本有界限的两个事物仿佛浑然一体。无边界时代的商业，是跨界的商业。

跨界最难的并不是跨越技能之界，而是跨越观念之界。在无边界时代，大家都在用跨界思维开展交易，如果你还不积极地跟随这个时代，不想随着这个趋势进行转变，那么可能某一天就在不知道竞争对手是谁的情况下，规模和效益突然骤减。跨界尝试其他领域，这其中的挑战不是来自于你对那个新领域的陌生，而是来自于你想都没有去想。

　　跨界是人类心智对商业时空边界的洞见和理解。跨界不仅需要超越行业的藩篱、偏见，也要超越人类自身思维的时空局限性。作为企业领导者必须要做到心中无界，方能跨界。要心中无界，就必须颠覆传统思维，跳出行业的边界看行业，用时空的观念理解商业跨界，用合作、共赢、创新的理念打破一切现存的守成、封闭、独占等传统思想的束缚，拆除妨碍自由竞争和公平交易的信息不对称、不正当竞争壁垒等，使资源在市场中得到最优配置。

跨界竞争：无边界时代最彻底的竞争

　　无边界时代，跨界竞争演绎着市场风云。比如，本来主营业务实行收费的企业，一个跨界者进来开始做免费，结果让这个做主营业务的企业措手不及。360免费，让整个杀毒市场翻天覆地；微信免费，让三大运营商（中国电信、中国移动、中国联通）大惊失色；而"支付宝"也抢夺了银行的饭碗……这些跨界竞争，已然成为了无边界时代最彻底的竞争。

　　总的来说，无边界时代的这种最彻底的竞争体现在以下三个方面：垂直整合、水平扩张和强强联合。

◈垂直整合：核心企业的不二法则

　　产业链是围绕核心企业，通过对信息流、物流、资金流的控制，将供应商、制造商、分销商、零售商直到最终用户连成一个整体的功能链网式结构。

作为产业链的链主，核心企业在跨界经营过程中是最为凶猛的"野兽"，它们天生就有垂直整合的基因和能力。企业所具备的核心资源对于整条产业价值链的贡献程度决定了该企业在产业链中的利润空间，最直接的例证就是许多行业都存在的"微笑曲线"或称"价值曲线"。产业链上的核心企业最看重的是向"微笑曲线"两端的研发、设计、物流、仓储、市场和销售环节跨界，而往往把制造环节外包给其他企业。微笑曲线，一端连着研发和设计，一端连着市场和用户，控制了微笑曲线的两端就获得了价值链的大头。

苹果公司是最典型的例子，从芯片、硬件、系统、APP 到销售终端，苹果几乎控制了整个产业链。而且苹果几乎是一个独立王国，独立的 iOS 系统和标准，独立的设计、开发、制造和销售体系，如果从系统竞争来看，颠覆苹果几乎是一项不可完成的任务。

◈水平扩张：行业大佬的修行之道

水平并购通过把行业内相关的重要企业招至麾下，从而完成关键的市场布局，巩固和加强行业老大的地位。善于水平并购的行业大佬也是跨界经营的厉害角色。

腾讯是一个水平扩张的高手，从 OICQ、MSN、联众到开心网，腾讯几乎涉猎行业的所有细分领域，哪个行业火，腾讯就会"空袭"哪个行业。对于腾讯这样坐拥巨大用户资源的行业大佬而言，创新和研发反而不是它们的优势，它们内部开发的新产品反而不是最好的，甚至染上了"富二代"病。但是凭借着无与伦比的用户资源优势，腾讯才能后来居上，从而战胜竞争对手。

◈强强联合：资源整合的最高境界

好汉难敌四手，猛虎也怕群狼。跨界经营的最高境界就是强强联合、资源整合。因为跨界并不总是你死我活的竞争，有时候也可以是合作和共赢。跨界竞争的攻守之道在于，既然谁也没有能力灭掉谁，那就各自做出一些让步，拿出部分非核心利益进行交换。与其两败俱伤，不如共同把市场这块"蛋糕"做大，共享跨界红利。

例如，互联网金融之所以能掀起如此巨大的风浪，让许多的银行行长谈网色变，其实并不是一个马云或马化腾又抑或马明哲能够做到的。而当他们强强联合、资源整合，即当"三马"同槽与传统银行"抢食"时，互联网金融才拉开了序幕，真正的挑战才开始。

非洲大草原从不缺乏猎手，狮子的体格、猎豹的速度和雄鹰的眼睛都是它们赖以生存的资本。在无边界时代，如果想做一个成功的跨界者，就需要掌握垂直整合、水平扩张和强强联合这些抢占市场的"法宝"。

大规模整合：未来十年的商业态势

未来十年，是中国商业领域大规模跨界整合的时代。一切都在大规模变革之中，而且变革速度越来越快，如果企业不能跨界、不能整合，无论过去它们有多成功，也很有可能遭遇失败。跨界整合，大势所趋，而趋势无法阻挡。百度干了广告公司的事、淘宝干了超市的事、阿里巴巴干了批发市场的事、微博干了媒体的事、微信干了通信的事……不是外行干掉内行，是趋势干掉规模，先进的取代落后的。

◈跨界整合需要整合思维

跨界的目的就是整合，这需要企业家具备整合思维。在这方面，多伦多大学罗特曼管理学院院长、著名畅销书作家罗杰·马丁为我们提供了很好的借鉴，他在自己所著的《整合思维》一书中指出，领导者制胜的法宝在于整合思维——头脑中同时处理两种相互对立的观点，并从中得出汇集两方优势的解决方案的能力。他对整合思维的定义是："富有建设性地处理彼此对立意见的能力，不以选择一方而牺牲另一方为代价，而是以创新形式消除意见对抗，新的意见同时包含对立意见的某些因素，且优于对立意见的任何一方。"

罗杰·马丁认为，世界上具备整合思维的人各有不同，但他们所持的理性态度却同时具备六个关键特征：第一，他们相信现有的镜像模式并不代表现实，它只不过是最好的或者压根只是眼前的一个构建而已；第二，他们相信，对于这些相互矛盾的解决问题的模式、风格和方法，人们应该充分地协调和制衡，而不是惧怕；第三，他们深信，肯定还存在着更好的解决问题的模式，只是还未发现而已；第四，他们不仅相信存在更好的模式，而且他们可以将这个模式更好地从抽象的假设中带到现实中来；第五，他们在一系列错综复杂的事情中游刃有余，从而搜索出一个崭新的改良模式，同时他们满怀信心，相信能够用另一种方法将找到的解决方法很好地结合起来；第六，他们给自己充足的时间去创造改良模式。

罗杰·马丁还给出了整合思维者经常使用的三大工具：一是创成式推理，

这种推理形式主要探究事情的可能面貌，而非实际面貌。利用创成式推理，我们还能为创造性解决方案搭建起框架，使我们提出的解决方案更加牢固可靠，经得住现实世界的严峻考验。二是建立因果模式，在因果关系这个环节中，整合思维者必须对凸显变量之间的非线性和多向性因果联系予以充分的考虑。三是积极质询，他们以此探寻两种截然相反的模式，尤其是与自我模式相悖的模式。

罗杰·马丁最后指出，整合思维并非什么火箭科学，高深莫测，而是一种明智实用的思维方式。可是，掌握这种思维方式需要管理者在日常的经验积累中获得掌控能力和创新能力。而且还要学会反思，因为反思可以避免我们理所当然地接受明显的道理，并赋予经验无限的价值。当你不再欣然接受自己的想法，开始质疑自己的思维方式时，你就给自己创造了最好的机会，有可能改变思维，并把自己思辨的头脑发挥运用到极致。

毫无疑问，罗杰·马丁的整合思维正是企业家整合资源所需要的。企业家在考虑经营方略时，不仅要考虑企业内部的已有资源，而且还要善于将企业的外部资源纳入思考范围，通过内外资源的有机组合，达到为我所用的目的。

◈运用整合思维的步骤

整合思维就是在面临困难问题时运用发散思维，寻找新的解决方案，而非仅局限于从已有的"解决方案清单"中选择。具体来说，进行整合思维要遵循以下步骤：

第一步，综合考虑各种因素。我们尝试设计问题解决方案的时候，对这个设计产生影响的因素越多，问题的难度也就越大。现实中，许多企业领导者在这个时候往往选择忽略复杂的因素，而是试图快速地设计一个"自以为是"的解决方案，当面临新问题时，这种解决方案则最有可能导致决策的失误。我们强调在设计问题解决方案时运用整合思维，就是要积极地面对各种复杂因素，统合考虑各种因素之间的关系，并区分主次，而非一开始就忽略掉某些影响因素。任何方案设计都需要综合考虑各种因素。

第二步，寻找因果关系。要积极探索影响设计方案各种因素中的那些有利因素与决定之间的联系，不要局限在线性的联系之上，而是发散思考非线性的因果关系，尝试找出数种因果关系的可能性并进行比较，这样设计出的问题解决方案才能收到预期效果。

第三步，排序和建构。对设计方案要进行排序和建构，明确哪些具体条款需要重点考虑，哪些应该出局；哪些方案需要入选，哪些方案应该被否定。这时候要像一个油画师一样，将主色调凸显，将次要色调虚化，但一定不能将关键的因果关系丢掉。

第四步，生成解决方案。生成解决方案最重要的是勇于接受"模糊性"和"不确定性"。领导者往往希望得到确定的、非黑即白的结果，但这种思维模式可能导致丧失一些创新的可能性，严重时甚至会走向错误方向。所以，需要运用整合思维、开放眼界，不要只盯着局部，要寻找可用的各种资源，从而设计出最佳方案。

总之，整合思维是领导者设计问题解决方案过程中的法宝，只有善于运用整合思维进行资源整合，设计出最佳的解决问题的方案，才能在大规模跨界、大规模整合的时代找到蓝海，从而获得生存和发展的机会。

迅猛的创新者：跨界的，从来不是专业的

跨界的，从来不是专业的，创新者正以前所未有的迅猛速度，从一个领域进入另一个领域。各行业之间的边界正在逐渐淡化，传统的广告业、运输业、零售业、酒店业、服务业、医疗卫生等，都可能被逐一击破。这不仅是勇气，更是创新能力在跨界过程中的体现。

◈跨界要成功，创新不可缺

在"跨界潮"中，如何做出正确的判断和选择，是很多企业家需要直面的新考验。盲目跨界就是盲目扩张，会给企业的发展带来极大隐患。我们提倡理性跨界，就是强调要有创新精神，积极创新，勇于创新，理性创新。

跨界，想要跨得过去，跨得好，必须积极创新。企业家要在自主创新上下功夫，以创新优势打造品牌，才能实现在"彼界"的长足发展。

◈领导者的创新力

创新力，是人类在创造活动中表现出来的创造新东西的心理、思维以及技术的能力。在跨界过程中，领导者的领导力首先是一种创新力。

创新力的基础是创新思维。创新思维是一种高度灵活的思维，养成创新思维的重要条件是思路开阔，善于发现问题，善于预测事物的发展趋势，保持对事物的高度敏感性。创新思维需要跨越性思维，即越出常规，超越一般

的逻辑推导规则和通常的实践进程，另辟蹊径，走出新的路子；或跨越时间进度，加大思维的前进性；或跨越转换角度，加大思维的跳跃性、灵活性。单一、刻板、狭隘的思维是不能创新的。

从创新思维的形成机制来看，首先，创新思维形成的基础是大量信息的碰撞；其次，创新思维的形成又依赖于"群体激智"。跨界过程中产生碰撞的正是"信息轰击"和"群体激智"，这种碰撞带来无限的想象空间。如创意迭出的斯坦福大学设计学院，本身就是一个设计风格多元的地方：墙是100多年以前的，钢梁却是20年前盖的。在这跨界的空间，再加上来自世界各国的设计人员聚在一起，跨界将会在不同思想的碰撞中使人们想象力迸发、新点子发散、新产品层出不穷。现实中这样的例子也有很多。

海盗嘉年华：你不敢跨界，就有人跨过来"打劫"

未来十年，是一个商界海盗嘉年华，如果你不敢跨界，就会有人跨过来"打劫"你。因此，企业家必须认识到跨界的现实意义和未来意义，敢于跨界、勇于跨界，这样才能避免被人"打劫"。

◈为什么要跨界

先来看一个例子：

2006 年 6 月 20 日，国内首家麦当劳"得来速"汽车餐厅正式开业运营，该餐厅是麦当劳与中国石化合作开发的餐厅，主要开在中石化旗下的各大加油站，两者结成战略联盟，期望达到合作双赢。结盟之初，麦当劳计划在北京、上海、广州、天津、武汉、成都、深圳、东莞等大中城市进行试点，然后逐步扩大到全国范围。从表面看，麦当劳仅仅打破就餐地点，但"得来速"餐厅是麦当劳"跑车圈地"的战略之一，它的出现帮麦当劳很好地抢占了空间资源，不仅为麦当劳的销售打开了另一种渠道，也为麦当劳在消费者心中建立了"这是为我提供便捷服务"的快餐品牌的良好认知。

为什么要跨界？跨界合作对于企业品牌的益处，就是让毫不相关的元素相互渗透、相互融合，这在很大程度上可以借别人的优势来补充自己的劣势。在市场竞争日益激烈、层次日益提升的形势下，跨界模式为企业开辟了一片新的蓝海。通过跨界，创新了解决问题的方式，能实现合作双方的共赢，从而收到"$1+1>2$"的效果。

◈传统企业的跨界颠覆

在移动互联网时代，所有人都站在同一起跑线上，企业更是如此，厉害的行业"老大"都会因移动互联网而重新排座次。在这种形势下，传统企业必须勇于自我颠覆，即在移动互联网时代尝试颠覆自己的公司。为此，传统企业领导者要深刻认识到，向互联网转型并不是"一把手"一拍脑袋、一跺脚就能立刻发生的，这是一个"牵一发而动全身"的过程，转型路线图绘制过程中遇到的各种问题，对领导者来说都是一次深刻的经历。

移动互联网最终会变成基础资源，像水和电一样服务于一切行业。当再也没有人把互联网当回事的时候，这个变革就完成了，传统企业领导者只有看清这个过程，积极采取行动，大胆颠覆、主动跨界，方可不被跨过来的人"打劫"。

第二章 意识决定行动

——跨界当"官"，要打破旧思维，建立新思维

企业领导者的行为决定企业的未来。在跨界商业中，企业领导者应该做一个"首席跨界官"，担当无边界时代企业跨界的战略制定者、方案策划者、实践引领者。"首席"自有首席的特质，其"第一"的含义之所以成立，是因为他们能够打破固有思维，建立起新型思维方式，包括跨界思维、无边界思维、"＋"思维、颠覆式思维、创新思维等。意识决定行动，企业家唯有打破旧思维，建立新思维，才有资格跨界当"官"！

借你一双慧眼：看看固有思维模式有多可怕

固有思维，是指根据已有的知识、经验，在头脑中形成的一种固定的思维模式。固有思维具有心理上的定向趋势，即基于已有知识、经验对行为的正向或反向推动作用。在惯性作用下的这种思维已成定势，所以也叫定势思维、惯性思维。思维最大的敌人是定向趋势，一个长期以惯性思维考虑问题的人，久而久之会把很多本来大不相同的问题因某些相似之处而归为同一类问题并用相同的办法解决，结果于事无补甚至起反作用。

◈固有思维模式的特点

固有思维者具有明显的"常规性"，即凡事惯于遵循既定的解决问题的方法，不会轻易打破常规。同时，思维者还具有"程序性"，即解决问题的步骤要符合规范化要求，甚至如何使用"因为、所以、那么、则、即、故"等字眼，都要求清清楚楚、步步有据、格式合理，否则就乱套。

总的来说，固有思维模式的最大特点就是，遇到问题就会自然地沿着某种固有的方式进行思考。其强大的惯性或顽固性，不仅逐渐成为思维习惯，甚至深入到潜意识，成为不自觉的、类似于本能的反应。

◈固有思维模式的消极作用

跳蚤在连续碰壁之后，产生了一种思维惯性：我跳再高还是会碰壁，于是降低了跳跃的高度。很多时候我们就像这只跳蚤，在屡屡受挫的失败中失去信心，便把自己定位在一个自认为适合自己的高度上，认为再高的便是自己无法企及的。

人很容易陷入一些可怕的固有思维，比如常常会听到这样的话：无商不奸、富二代都是纨绔子弟、为富必定不仁……这都是固有思维在作祟。大量事例表明，固有思维确实对问题解决具有较大的负面影响。当一个问题的条件发生质的变化时，固有思维会使解题者墨守成规，难以涌现出新思维、做出新决策，造成知识和经验的负迁移。

根据唯物辩证法观点，不同的事物之间既有相似性，又有差异性。固有思维所强调的是事物间的相似性和不变性，在问题解决中，它是一种"以不变应万变"的思维策略。所以，当新问题相对于旧问题存在相似性时，由旧问题的求解所形成的固有思维往往有助于新问题的解决；而当新问题相对于旧问题存在很大差异性时，由旧问题的求解所形成的固有思维则往往有碍于新问题的解决。

人的思维方式经过多年的行事，已经形成了一个固有的模式，很难改变。只有经历过大的事件，并且对本人的打击比较大，才有可能改变他已经形成的固有思维模式。在如今跨界、整合等趋势明显的市场背景下，企业领导者如果仍以固有思维思考问题，因循守旧、不思改变，必将被时代趋势所淘汰。

◈ 管理者需突破固有思维

创新领袖有两个关键词，一是丰富的知识，二是跨学科的知识。每个企业的领导者、管理者都需要拥有丰富的知识，但光有本企业、本专业的知识还不够，无边界时代的企业经营管理需要跨学科的知识，要求掌握不同范畴的知识，而且能综合不同知识，融会贯通。由此可见，一个管理人员必须是专才加通才。

丰富的知识让企业领导者、管理者检视和突破自己过去在工作中做的事情，但更需要突破的是思维。创新管理思维对企业而言相当重要，创新不一定是在实验室研究新东西，它的精神是挑战自己的想法，多角度看同一件事。

总之，多创新一切皆有可能。而如果不跳出自我设限，一切皆无可能。愿我们都不要做那只自我设限的跳蚤。

跨界思维：系统重组，木匠一样能当好裁缝

木匠能当好裁缝吗？其关键在于思维。"股神"巴菲特合伙人查理·芒格一直是跨界思维的推崇者，他将跨界思维比喻为"锤子"，而将需要创新的问题看作是"钉子"："对于一个拿着锤子的人来说，所有的问题看起来都像一个钉子。"这句话形象地诠释了跨界思维的智慧。也就是说，在未来充满不确定性的商业探索中，如果具有跨界思维，通过系统重组与外在生态系统的对接，那么木匠一样能当好裁缝。

◈什么是跨界思维

什么是跨界思维？所谓跨界思维，即以大世界、大眼光，多角度、多视野地看待问题和提出解决方案。比如，过去的商业模式是传统的平面思维，而现在的商业模式是创新的跨界思维。再如，用互联网的思维做手机，用互

联网的思维做金融,用媒体的思维做商业,这就是跨界思维。可见跨界思维的核心是颠覆性创新,且往往来源于行业之外的边缘性创新,要跳出行业看行业,建立系统的、交叉的思维方式。

跨界思维方式不仅代表着一种时尚的生活态度,更代表着一种新锐的思维特质。它注重思想的自由,思维的灵动。思想自由,则目光如炬;思维灵动,则意到神随。而欲达自由、灵动之境,跨界必先拆除思想的藩篱、打破思维的界限。这不仅是跨界思维本身的要求,也是这个时代对企业家的要求。

◈领导者的跨界思维

跨界首先要打破思维的限制,企业领导者应该从以下五个方面培养跨界思维:

一是跨越"职业心态"之界。作为企业领导者,职业心态偏离了正常轨迹,那么结果一定不是企业所要的,更没有可能有良好的职业前景和未来。所谓跨越职业心态的界,就是用积极的职业心态去看待问题,切不可因"此界"(自己的企业)或"彼界"(要跨入的领域)的不尽如人意而不敢去尝试。

在领导者中普遍存在这样的现状,当经营管理中遇到问题时,有太多的人心中想的或嘴上说的尽是"苦死了、烦死了、累死了、麻烦死了、讨厌死了"这样的话。其实,当你用积极阳光的职业心态去看任何问题时,天才是蔚蓝的,人生是有意义的,工作是有价值的,付出是值得骄傲的。所以,遇到问题时要学会说"太好了!",这是个基本态度。

二是跨越"角色"之界。俗语说"不在其位,不谋其政",这句话似乎很有道理,但仔细想想,未必尽然。假设你是一个中层管理者,不常站在上司的角度去看问题,了解上司的短期、中期、长期目标是什么,你怎么可能有效辅佐上司？如果你不常站在下属的角度思考，哪来的换位思考和有效帮助下属成长？所以，一个真正的领导者，是要经常"错位"的，否则你就是本位主义的典型。所谓"错位"，就是说要善于绕到事物背后审视事情发展，通过线索联结、远距离联想，激活反向思维，多方位思考方案，从而在未知资源状态与目的间架起解决问题的桥梁。

这里需要强调的是，跨界技能强调领导者跨越组织边界，以全域的视角进行资源整合，但绝不意味着超越自己的职责边界。以原则为中心，明晰自己的角色义务、角色规范以及上下级的角色期望，并使之最大化地协同起来，这对于领导者拓展跨界技能至关重要。

三是跨越"思考"之界。思维的长期本位而不能超越和跨界，是一件非常可怕的事情。有的内资企业和外企的领导者，由于体制和企业文化及氛围的影响，随着时间的推移形成了固有思维和习惯，久而久之，这些企业里的领导者在承受无奈的同时，也"沦落"成了很多人眼中的异类。

这些领导者要进行跨界，并且做一名优秀的跨界领导者，就必须跨越"思考桎梏"之界，打破"非此即彼"的线性思维。首先要思考全局意义和长远影响，其次要有整体性的思考和跨界整合思维，最后要越出常规探索新路。诚如凯文·凯利在其经典著作《失控：全人类的最终命运和结局》一书中指出的那样，领导者的注意力应从关注人和物本身，转变到关注人与人、人与物之间的联系上。也就是说，我们不能简单地用部分解释整体，而是应该从动态的、情境化的视角审视组织要素（包括人）之间的关系。

四是跨越"知识"之界。跨界意味着离开自己熟悉的知识领域，去迎接那些可能获得跨领域经验和能力的机会，并承担相应的风险。因此，做一个合格的跨界领导者，储备最实用的知识，比如接受正规教育、职业训练。丰富的知识能提高跨界领导者的个人信誉和跨界的能力,扩大他们的影响力。

现实中,有的企业领导者虽然很想跨界,但并不了解新领域有什么特点及未来趋势等,连与之相关的书籍都没看几本,这说明学习能力太差。在管理的过程中,领导者要有引领力,才会有追随者,如果一个领导者没有什么可以分享的知识,不能带给人先进的理念,就完全有可能被其他人甚至是你的下属超越。

五是跨越"行业"之界。"千万不要埋头苦干,一定要抬头看路!"这是很多成功的管理者的经验之谈。一个领导者如果只看到他视线内的区域,那他就很难打开视野和眼界,就无法创新地工作。而埋头苦干,是很多领导者普遍存在的问题。一个合格和优秀的领导者,不光要知道自己行业的动态,还要知道竞争对手,更要知道可能影响本行业和关联行业的国内外经济、金融和政策动向。不仅如此,还要了解新的业态、新的商业模式,成功企业家的思维、理念、价值观,以及卓有成效的管理方法。

诺基亚商业帝国的倒塌表明:只沉浸在自己的思维中做产品,即使产品做得再好,却忽略了市场与客户的需求、业态、世界的巨变以及竞争对手的动态,其结果只能是被市场淘汰。事实表明,如果不能跨越"行业"之界,就绝对不能赢得未来。

无边界思维:突破边界,行当无疆

"无边界思维"是与"边界思维"相对的说法。边界思维的意思是说思维局限在某个边界范围内。这里说的边界，内涵和外延相当丰富，可以是时间边界、空间边界，也可以是行业边界、技术边界，还可以是产品边界、服务边界……包括所有我们能想到的与"边""界""范围""领域"相关的词。若要想创新商业模式，打开层层市场空间，必须突破边界思维，充分运用无边界思维，只有突破边界，才能行当无疆。

◈无边界思维的核心：交换＋消化

无边界思维有两个核心，一是交换，二是消化。

先来看交换。当越来越多的企业认识到单打独斗已很难做大做强时，要尽可能抓住每一个可以借势的机会，既要善于发掘自己的价值，也要善于洞察别人的价值，找到两者的交集，拿自己的价值与对方的需求去交换，换回来的就是自己的战略资源。无边界创新一定是基于相互的需要，单方面的行动是没有效果的。

再来看消化。鲁迅先生有一句话说："'送去'之外，还得'拿来'，是为'拿来主义'。"拿来主义认为，只要有益就吸收，不能照搬。事实上，整合过程中也会出现资源很好但是拿过来却不好用的情况，就好像吃太多不易消化的食物就容易消化不良一样。因此，资源适应性是资源整合过程中必须遵循的一个基本原则，即在整合的过程中一定要量力而行，资源再好，但是适合自己的才是最好的。

◈应用无边界思维的实证

作为企业领导者，运用无边界思维来指导企业，将使企业焕发出勃勃生机。下面的两个例子就是最好的证明。

案例一:陕鼓动力突破边界

地处西部省份的陕鼓动力是一个老三线国企,从事的是传统设备制造,属于窄众市场,市场空间百亿元左右,所在城市属于人才洼地,更多的人选择到南方打工,所以企业大多数中层干部都没有本科文凭。就是这样一个企业,在2001~2013年,营业收入从3.1亿元增长到63亿元,增长了20倍,利润从2000万元增长到9.2亿元,增长了45倍之多。陕鼓动力从1968年建厂开始就一直从事鼓风机、透平机械等设备的制造,新任董事长印建安于2001年上任后,开始大刀阔斧地改革,从单体设备制造、设备成套,到工程成套,再跨界到供应链金融服务;从设备在线故障检测,到设备预防维护检修、备品备件服务,再到设备全托管运营,最后到设备运行大数据和云平台服务;从气体分离设备提供商,到气体提供运营商……作为企业领导者的印建安,运用无边界思维突破边界,带领企业一路跨界行走,造就了最后的成功。2016年12月11日,陕鼓动力获得我国工业领域最高奖项"中国工业大奖",该奖项被誉为中国工业界的"奥斯卡",三年才评选一次。

如果陕鼓动力从建厂开始就一直局限于设备制造的范畴,那么最好的业绩可能也不过是在几亿元或十几亿元的营收水平上徘徊,因为本来市场空间就有限,并且在资本市场上其也不是很受青睐;而坏的情况或者是早被国外公司挤垮,或者被其他公司整合或并购了。正是印建安的无边界思维造就了今天陕鼓动力的成功。

案例二：无边界思维之行当无疆

桑德集团有限公司（以下简称"桑德"）是中国著名的大型专业性环保、新能源企业，随着最近几年的政策变化，传统环保领域竞争越来越激烈，桑德创始人文一波顺势而为，带领团队从固废处置延伸到环卫清扫并跨界到"+互联网"，三网融合指日可待。同时，桑德还延展出很多的广告载体，形成了"环卫+垃圾箱管理+公厕管理+广告经营"模式：一是上线"易再生网站"，打造再生资源领域的 O2O 渠道平台，利用互联网技术服务于再生资源产业，线上建设再生资源信息和交易服务平台，线下建设再生资源产业园区服务平台，利用互联网及大数据等科技服务功能产生协同作用，为公众及供需双方提供行业资讯、供求信息、行情报价、企业库和行业会展等资讯；二是从传统环保到"新能源锂电池+互联网"，再到"充电桩+互联网"，将闲置的停车场连接起来，打造分时共享停车，向城市服务转变；三是利用环卫网络，打通快递物流业务，占据城乡"最后一公里"的物流。

现在的桑德，有环保、环卫、物流还有广告，说明桑德已经从传统污水处理、固废处置企业，一路无边界思维、无边界行走，变成了一个互联网公司，到最后也许将成为智慧城市的服务商。从环卫切入最后走向智慧城市的桑德模式的尝试获得了著名企业家柳传志的首肯。

事实说明：企业领导者必须清醒地认识到，企业的资源永远是有限的，因此，企业必须打破所有边界，寻找新的边界。企业领导者只有运用无边界思维，才能给企业带来新的发展机遇，也才能创造其个人的辉煌人生。

"＋"思维：只要打开一扇窗，就会有巨大机会

有人说"只要勇于打开一扇窗，就会有巨大的机会"，这话不无道理。道理归道理，实操上具体怎么操作？或者说如何打开窗户抓住机会呢？我们从特殊到一般，试着抽象出一种简单的模式并称之为"＋"思维。所谓"＋"思维，意思就是说不论你做什么业务和生意，都试着在模式上加上"＋"思维，就很有可能打开不同的空间，从而获得新的机会。

◈ "＋"思维的原点

在中国人民大学工商管理学博士生导师成栋于 1997 年 11 月出版的《"＋"式思维：使您梦想成真的思维方式》一书中，曾对"＋"思维方式给予了充分肯定，这一点从书名中就可以看出。而在"无边界"这个语境下，"＋"思维则具有新的时代内涵，也就是说，在今天这个时代，"＋"思维应该具有无边界的特质，但它不是盲目的，而是有原点的，这个原点就是：企业在选择跨界方向时，必须不忘初心，必须找到"够大、够慢、够厚"的市场。

"够大"表示新市场的潜在用户群体数目足够庞大；"够慢"指的是这个市场的格局长期没有大的变化，存在巨大的改良空间和潜在格局变动；"够厚"则说明新市场的容量足够大，能给企业提供可观的营收和利润。因此，作为企业家而言，既要有支撑跨界的无边界思维，更要注重实务，看看这个

市场是否"够大、够慢、够厚","想"和"做"是两个层面,"行胜于言"才有机会最终成功。

事实上,任何一个企业领导者都可以也应该运用无边界思维,但无边界行走却要慎重,是做独行侠还是结伴而行,需要谨慎选择。如果你有强大的心理、过人的胆识、强大的融资能力,就完全可以通过不断跨界,进入一个个未知的领域,否则,还是要结伴而行,寻求适合的合作者,大家一起抱团取暖,联合作战,才能走得更远。

❖ "+"思维的应用空间

"+"思维具有广泛的应用空间,比如在环保领域,就可以"+"很多内容,如将有机废弃物包括餐厨垃圾、畜禽粪便、秸秆等,做成有机土壤调理剂,提升土壤有机质,形成有机废物+农业+有机农产品+物流+定点配送+……从而开辟广阔的市场空间。

"+"思维时下最重要的应用是"+互联网"。"+互联网"是在"互联网+"火爆的2015年中国经济转型年出现的一个概念。"互联网+"的主导者往往是互联网企业,从技术、商业模式、资金、人才等方面看,都是互联网企业主导着融合进程;"+互联网"则正好相反,主要是传统企业在主导着融合进程。"+互联网"是针对传统行业融合、产业变革所产生的概念,是传统行业借助互联网手段把线下的生意做到线上去,并将互联网技术融合到产品的生产、管理、销售、服务等环节中。"+互联网"强调传统行业顺势创新,以既有业务为基础,利用互联网技术和理念来提高为用户服务的效率和质量。

其实,上述不论哪种,都是"+"法思维和模式。但也不能因此陷入

"＋"的焦虑和误区，"＋"思维更重要的是"＋"而不是"－"，加不好就成了减，这一点需要企业家深思熟虑，要根据自己企业的特点，选择适合的融合与变革方式，这才有助于转型升级。

颠覆式思维：商业逻辑的起点与闭环

颠覆式思维就是先找到起点（更有意义的是创造起点），然后围绕起点打造闭环。比如在互联网环境下，先找到（更重要的是创造）"顾客未被满足的需求"，即顾客所希望得到的某种产品和服务这个起点，然后围绕这个起点打造线上和线下的闭环。这就是颠覆式思维的商业逻辑。这种商业逻辑应该贯穿到更多的商业活动中，跨界也适用这样的商业逻辑。跨界过程中的颠覆式思维其商业逻辑是，基于需求——"此界"的需求和"彼界"的需求，通过跨界去整合资源、去融合创新，打造出新的合作模式，从而形成闭环，给企业注入更大的发展动力。事实上，所有颠覆式思维的商业逻辑，都是从起点到闭环的逻辑。

颠覆式思维的本质意义是创新，强调创意的重要性，这种颠覆性创新已经成为近年来商界的流行词汇。人们将那些带来行业巨变或将领导者企业拉下神坛的案例通通归入颠覆性创新的范畴，从IBM的自我颠覆到苹果手机的横空出世，从令人津津乐道的特斯拉到正走向世界的优步，这一系列商业传奇故事都被人们打上了颠覆性创新的标签。

对于颠覆式思维的创新本质，也许《颠覆性思维——想别人所未想，做别人所未做》一书能使我们有更为全面的认识。该书作者卢克·威廉姆斯向人们介绍了五步颠覆性创意法则：第一步，提出颠覆性假设；第二步，针对假设发现颠覆性商机；第三步，将诱人的商机转化为切实可行的颠覆性创意；第四步，经目标市场检验后，整合创意形成颠覆性解决方案；第五步，以颠覆性方式演示方案，说服投资者。五步思维法简单易学，可以帮助我们重新审视周围那些被忽略的事物，设计出颠覆性的市场方案。在这里，我们将学习五步颠覆性创意法则的一些体会与大家分享。

◈ 第一步：提出颠覆性假设

提出颠覆性假设要求给自己提出这样的问题：有哪些陈规旧律是可以被颠覆的？这个问题需要大胆地假设，打破理性的约束。要找到那些陈规旧律，想想有什么地方可以逆向思考，有什么地方可以否定，有什么地方可以调整。

例如，筷子除了用来吃饭，还能做什么？把筷子当作临时饼托，在上面放刚出锅的热饼，热饼就不会粘连。这样的例子数不胜数。

◈ 第二步：找到具有颠覆性的市场商机

这一步要提出的问题是：你发现了怎样的商机？对此你的结论是什么？仔细观察消费者的需求，找到商机后，把你的假设变为现实。

例如，苹果公司的设计师在苹果商店中观察消费者的行为，得出"消费者在苹果店中更注重的是亲身接触的体验感受，他们从不介意通过移动或触摸这些电脑来体验"的结论。这个结论事实上给苹果公司带来了很好的商机。

◈ 第三步:找出一些具有颠覆性的创意

这一步要提出的问题是:应该关注什么?可以融合什么?颠覆性的创意是什么?

例如,上面例子中的苹果公司的设计师在得出"消费者在苹果店中更注重的是亲身接触的体验感受,他们从不介意通过移动或触摸这些电脑来体验"的结论后,他获得的商机是通过科学技术在消费者和电脑之间建立一种直接的身体接触体验,让消费者产生一种实实在在的控制感。设计师将此商机转变为创意,研发出可以触摸操作的平板电脑,以及一系列的手势操作的交互形式。

◈ 第四步:将创意整合成颠覆性的解决方案

第四步要提出的问题是:人们真正的想法是什么?应该采取哪个方案?在实施这一步骤的过程中,要积极地让终端用户参与进来,将颠覆性创意转变为实用的市场方案。可以制作模型,并根据你的产品初始模型拍摄一段介绍视频向用户展示。在此阶段,目标消费者已经对你的创意进行了监测,并对创意进行了建设性的修改,而你也通过制作模型将创意转变为一个具有颠覆性的市场方案。

◈ 第五步:演示颠覆性方案

第五步要提出的问题是:如何让听众感同身受?如何获得听众的信任?这实际是推销工作。大部分人之所以不能接受颠覆性方案,是因为方案的颠覆性,因此,如果你想让他们接受你的方案,你就要让他们充分了解你的方案所蕴含的价值。这就考验你对于 PPT 演说的技巧，这实际是推销工作中路演的内容。

颠覆性思维的关键在于特立独行的思维。例如，苹果公司的标语"Think Different"（非同凡"想"），它是该公司的创意来源和精神象征，充分体现了乔布斯的创意精神，同时也非常吸引人们的眼球，达到了绝佳的广告效果。

总之，任何假设都是没有对错之分的，创意往往存在于那些非理性的想法之中。而在你对常规定式提出诸多颠覆性假设的时候，需要找出最有价值的一点，通过市场调研与观察，根据用户目标及利益确定产品模型，并及时让用户参与鉴定，最终修改调整为成功的具有颠覆性的产品。从起点到闭环的商业逻辑，就是如此。

创新思维：无边界创新，带来无边界商机

所谓创新思维，就是打破成败、对错、得失、新旧的界限，经由发散、联想，再进行收敛、聚焦，从而产生出新发现和新智慧。创新思维的核心在于开放的信念。事实上，新事物与旧事物不是对立的零和游戏，也不需要在新与旧之间二选一，新与旧之间是融合，是创新，是协同。如果你保持一个很开放的信念，就会像艺术家的创作一样，一堆垃圾、一堆废铁、一堆废木材也能在艺术家的手中变成艺术品。下面，我们将通过两个例子来说明这个道理。

◈华为 Mate 9 体现的跨界创新思维

我们都知道,保时捷设计致力于将经典、惊艳的设计美学引申至汽车之外的众多生活领域。从日常配饰、前卫时装到科技产品甚至地标建筑,保时捷设计的一切产品皆代表精确完美、功能时尚、精致永恒以及典雅运动的设计。2016 年 11 月,华为与保时捷设计合作推出了由两者联袂打造的智能手机华为 Mate 9 保时捷设计,以科技界创新者的身份向奢华世界发起了冲击。

Mate 9 保时捷设计的推出,是华为从未停止对于产品创新探索的表现和对于多元化生活方式的研究成果。Mate 9 保时捷的全新外观设计首次引入跑车设计理念,沿用了保时捷经典的跑车流线设计,拥有无缝曲线边缘,以及流畅的黑曜石质感;此外,Mate 9 保时捷的 SOC 芯片采用了华为最新的麒麟 960,这款定位高端奢华的手机给消费者带来更加非凡的高端体验。

华为面对全球激烈竞争,凭借跨界创新者的思维方式,主动寻求变革与顶级品牌的密切合作,跨界者开放式的创新,推动了业界的合作共赢,以其极具个性的 Mate 9 保时捷的全新外观设计撼动了早已疲软的智能手机市场,也由此开启了有文化、有内涵、有时尚魅力的科技品牌的探索之路。

◈史蒂夫·乔布斯和埃隆·马斯克的跨界创新思维

史蒂夫·乔布斯是美国苹果公司联合创始人,埃隆·马斯克在互联网、电动车、太空探索和新能源等领域多有建树,他们两个人所从事的行业差别很大,但他们的思维方式却有相通之处。作为跨界创新者,他们往往不是从现有模式中归纳总结出规律,然后学习"最佳实践"获得成功,而是探究问题本质,从事情中提炼出核心原理,然后再演绎推理,发现其中的创新点并获得成功。

这也是创新者和追随者的区别。创新者往往是用"演绎推理"的方法来做产品的，比如苹果手机 iPhone 的诞生，就是史蒂夫·乔布斯基于对一款革命性的智能手机应该具备哪些功能的思考，这种思维方式往往能带来"颠覆性创新"。追随者往往用"归纳总结"的方法去学习，看到了一个成功的模式，就去研究其中的成功要素，然后加以模仿和改进。几乎所有智能手机都是对第一代 iPhone 的持续改进，它们追求的是"更大的屏幕、更薄的机身、更快的速度、更大的容量"，但在基本原理上并没有根本性改变，学术上称之为"持续性创新"。

史蒂夫·乔布斯先后改变了电脑、软件、音乐、电影和通信行业的规则，并在这些领域都做到了出类拔萃。而埃隆·马斯克则在互联网、电动车、太空探索和新能源等领域取得了很高的成就。虽然他们两人在这些领域成就非凡，但他们其实并非这些领域的技术专家，那么为什么能取得这样的成功？原因是他们有一个无人能敌的优势，就是善于洞察消费者都没有意识到的需求，并且能够凝聚一批业内的顶尖人物，把一些看上去并不相干的技术组合在一起，创造让人印象深刻的产品。

史蒂夫·乔布斯和埃隆·马斯克等创新者的例子告诉我们：跨界创新不仅需要"由内而外"地从事情本质出发演绎推理的思维能力，也需要"由外而内"地从用户角度看待一项技术的市场价值的思维能力。"由内而外"和"由外而内"这两种能力需要一定的天赋，更需要长期"有意识训练"才能获得。对于大多数普通人而言，如果有意识地训练这两种能力，至少可以让自己的人生增加一些亮点；而对于企业领导者而言，无边界创新将带来无边界商机。

第三章 沟通协调

——跨界官解决问题的能力

在组织内外架起桥梁是实现跨界的关键，架起的桥梁越多、越有效，跨界就越顺当，收效就越显著。具体来说，在组织内部，领导者需要跨越办公室的物理隔阂、不同阶层之间的权力隔阂以及不同背景带来的文化隔阂；在组织之间，领导者要能够在客户、竞争者、合作伙伴之间成功跨界；在组织外部，领导者则要在各种社会组织中进行跨界。在组织内部、外部及组织之间的跨界沟通协调过程中，领导者要多维思辨、灵活融通、巧妙叠加、平衡协调、科学统筹地运作和掌控，这是一切需要跨界、力求统合的领导者的生存之必须、事业之必备、成功之必要。

组织内沟通协调：本企业内部
各部门间的跨界沟通协调

　　每一个组织都是一个有机的运作体，每一个部门都会与其他部门有交流和协作。在完成工作的过程中，会涉及跨部门的事务，因此要在组织内进行跨部门沟通协调，搭建沟通平台，建立沟通渠道，使领导更为直接地了解员工的工作状态和执行结果，使员工更有效地进行工作问题反馈，使员工与员工之间更密切地进行工作协作。

　　现实中，组织内部存在许多沟通障碍，造成跨部门办事效率低下。下面提出六个方面的建议，希望能帮助领导者提高企业内跨部门的沟通效率，改善运营效率。

　　◈采用无边界沟通，扩大沟通途径

　　在企业中，工作不顺畅的阻滞点往往就在部门之间的边界处。企业设置许多职能不同的部门，是为了将工作做专、做细、做深，但绝对不应该因此成为某种壁垒，为此要采用无边界沟通，扩大沟通途径，实现有效沟通。

　　具体来说，企业中各工作流程必须畅通无阻，各部门就好比是流水线上的一个个工位，一环扣一环，绝不能使流水线阻滞。工作流程应该是一条条绿色的通道，各部门在工作流程中遇到的问题，应积极主动地与别的部门沟通协调，绝对不能相互推诿，通过无边界沟通，确保工作流程的完成。

❖培训与指导，提高员工沟通技能

员工沟通技能包括改善员工口语表达能力、书面表达能力及有效倾听能力这几个方面。员工在企业内部沟通中，往往急于表达而疏于倾听，造成有的关键信息有可能在交流过程中被遗漏掉。

倾听在有效沟通中至关重要，如果在互传信息时专注倾听并予以适当的反馈，那么沟通的有效性就会有所提高。为此，在组织内部进行培训与指导的过程中，要加强这方面的引导，帮助员工学会如何倾听，如何反馈，以提高沟通技能。

❖轮换岗位，了解各部门运作

跨部门的轮岗一方面可以使管理者和员工亲身体验其他部门工作的艰辛与内涵，从而能站在更高的角度上思考与处理问题，形成换位思考，同时融通相互之间的人际关系，相互之间的沟通就会顺畅得多；另一方面可以重新点燃员工的工作兴趣并有利于员工自我职业生涯规划的调整与确立，也能为员工创造职业宽度，满足员工成长的核心需求。

就员工角度而言，企业实行岗位轮换，可以使员工了解不同部门的运作情况，更好地接收部门间传递的信息，并且在这个过程中员工本人也将懂得换位思考，学会换位思考，认真地去理解其他部门的工作难处，更好地协助其他部门的工作和完成自己本部门的工作。

❖制订明确职责说明书，明晰部门职责

通过制订明确职责说明书来明晰部门职责，可以有效解决部门之间权利、利益不清的问题。企业领导者应该对每个部门的职责及岗位进行清晰地划分，让部门在工作中有章可循、有理可依，避免重复做事或无人对工作负责。

◈建立信息化沟通系统

企业信息化管理是以管理信息系统为主导的，但它更强调的是沟通方面。一个管理信息系统应当提供四种主要的信息服务：确定信息需要、搜集信息、处理信息、使用信息。企业建立完善的信息化沟通系统，可以提高沟通效率。一方面，能够加快信息流通速度，使信息在企业内部达到无障碍快速有效沟通；另一方面，便于各部门间的信息查阅、整理，能够减少沟通时间，提高沟通效率，从而节省沟通成本。

◈营造沟通的文化氛围

企业文化体现了企业全体员工共同的价值体系，引导着企业的经营模式与价值观念。要使企业内部的沟通畅通无阻，培育民主开放的企业文化必不可少。要营造一个"坦诚、沟通、协作"的文化氛围，能够促使员工积极沟通，乐于沟通，使个人与团队都得以提升。

组织间沟通协调：与本行业、本领域的客户、竞争者、合作伙伴的跨界沟通

组织间的沟通协调是指合作组织间的沟通协调，是跨界过程中的沟通与

协调，具体包括与本行业、本领域的客户、竞争者、合作伙伴的跨界沟通。

◈ 与本行业跨界沟通

在竞争日趋激烈的今天，合作也是一种竞争的手段，合作是为了更好地竞争，而为了合作，就必不可少地与本行业的其他企业组织进行交流和沟通。

与本行业的其他企业组织进行沟通协调，行业数据的搜集与分析是必要的工作，因此，领导者要在这方面加强对一线人员的管理，为他们提供最大的便利，并及时帮助解决操作过程中遇到的问题。而作为一线人员，不论是研究上游行业、本行业还是下游行业，都要在领导者的敦促与支持下建立科学的调研机制，注重建设企业的市场数据库，以便让数据在与本行业跨界沟通中发挥出应有的作用。

◈ 与本领域客户跨界沟通

与客户沟通是营销的主要内容，领导者对于营销的管理主要包括三方面内容：一是服务员工，使员工的需求得到满足。只有员工满意率提高才会让客户满意，进而带来客户的忠诚度。二是有强烈的服务意识，不仅服务于员工，也服务于客户，从客户的角度出发，关注于客户的需要而不是关注自己，才能带来绩效，才能使客户感受超值的服务，同时重视客户关系的建立。三是不断追求卓越，在客户发现新的需求之前，就应该想办法满足客户需要，这样做有助于提升客户的满意度。

至于企业与客户沟通的方法，则有面对面接触、电话、呼叫中心、电子邮件、互联网、通过合作伙伴进行间接联系等方法。

◈与竞争者跨界沟通

对于任何一个企业，除了客户外，关注最多的就是竞争者。事实上，在诸多对"企业利益相关者"的研究结果中，"竞争者"都是一个非常重要的构成部分，而且在对竞争者的划分上，竞争者属于企业的"直接利益相关者"。这也就是说，对于互为竞争关系的企业来讲，对手往往在某种程度上决定了企业的生存和未来，因为竞争者同时也是合作者，这些互为竞争关系的企业构成了某一行业的生态环境，特别是在"竞合"概念深入人心的今天，领导者对此一定要有正确的认识。那么，如何开展竞争者间的沟通？

不可否认的是，竞争者之间的沟通并非易事，但也不是没有可能。所谓"只有永远的利益，没有永远的敌人"，即使在"社会责任"这个崇高的命题下，也不可忽视诚信为本的基本原则。也就是说，如果有了诚信这个基础，则有可能达成相互认可。有了这个基本认知，在与竞争者的跨界沟通的过程中，就可以避免把竞争格局的变化看作"阴谋"，就可以在沟通中增进了解，相互取长补短，共同进步，实现共赢，这不仅仅是初衷，更应该是结果。

◈与合作伙伴跨界沟通

关于与合作伙伴跨界沟通这方面的话题很多，可以独立构成一本大部头作品，这里只择其要点做概述。

合作伙伴对企业的重要性无须多言，因此企业领导者在与合作伙伴沟通交流时开诚布公。合作伙伴各有差异，容易产生误解，要做跨界领导者，就要有耐心、有毅力，更要有一颗善良之心，注重相互之间的"大共享"，与合作伙伴建立共赢关系。只有这样，才能建立起真正健康的合作伙伴关系，才可能会产生伟大的项目。

在与合作伙伴跨界沟通过程中，领导者尤其要注重合作伙伴关系的构建，主要包括合作目标的确定、合作方式的选择、合作范围的确定、合作伙伴的选择等问题。这些都属于企业顶层设计范畴，作为领导者要把握原则，制定策略并身体力行地付诸实施。

组织外沟通协调：与其他行业、其他领域、其他组织以及社区的跨界沟通

组织外沟通协调是跨界的前提和基础。跨界过程中会产生新的组合体，新的组合体里，由于事先没有形成工作上的频繁互动和业务交集，领导者要通过较强的跨界人际沟通能力来打开局面，要善于营造和谐、积极向上的交流氛围，充分地交流治理观念，促进各界人士的有效沟通、情感交流，进而有效地实施跨界。

跨行业发展带来的沟通问题必须解决。由于新的组合体的产生，领导者的组织外沟通协调要求做到与其他行业、其他领域、其他组织以及社区的跨边界沟通。

◈ 与其他行业跨边界沟通

跨行业沟通是一项涉及很多问题和需要解决问题的工作，既是对团队成员的挑战，更是对企业领导者的考验。

领导者在团队管理方面负有重责。跨行业的每一个团队、每一个成员平时生活在不同的知识圈子里，使用的专业语言也相去甚远。而不同行业和职场中的行为规范以及价值观之间，也存在着鸿沟。比如对任务本身不同职务级别的人如何互动，对项目不同阶段须追求的质量等，跨行业之前往往需要预设。这些预设潜移默化地影响着人们的行为举止，如果预设出现偏差，就会在跨行业沟通中出现问题，其中最大的问题是当跨行业团队在一起工作时会产生文化冲突，造成所有跨行业团队成员陷入意见不合的漩涡，令他们倍感困惑、心力交瘁，意识不到自己有限视野之外的价值所在。为了防止这种情况的发生，领导者需要做的，不仅要让多元的团队成员能理解其他人的观点，同时要有效分享自己的意见，通过互动增进了解，使任务或项目达成预期目标。

领导者不仅在团队管理方面负有重责，更重要的是领导者自身的努力。在跨行业合作过程中，企业领导者要注重在沟通上的创新，在这一点上，积极地与其他行业的领导者进行跨界交流是一个有效的办法，可以互相探讨各自企业的发展、战略、创新、产品、服务等，探讨合作过程中遇到的问题及解决办法，在这样不断的相互交流过程中，企业间的友谊会逐步加深，企业间的合作关系更加密切。领导者的这些努力，不仅可以为自己的团队成员树立榜样，也为团队间的合作创造了良好的氛围。

◈ 与其他领域跨边界沟通

在与其他领域跨边界沟通这一点上，没有谁的能力是全面的，是无所不能的，一个优秀的人，包括优秀的团队，也会存在短板，存在认知的盲区，而跨领域的理解力和沟通能力往往成为制约他们进一步发展的最大障碍。但是，凡事都有两面性，不同领域认知的不同、对技能诉求的不同、彼此的信息不对称等，这些差异之中恰恰蕴藏着市场机会。能把握住这个机会，需要一个全才领导者。在这方面，现实中存在的问题有很多，诸如缺乏互信与彼此尊重、缺乏换位思考的沟通方式、因缺乏相关背景知识和资历而无法理解彼此、因缺乏相关背景知识和资历而无法评定彼此、缺乏场景敏锐度、自我定位错误等。现在有不少企业领导者认识到了这些问题，也开始试图解决这些问题，但应该说还"在路上"。

一般来说，跨领域沟通，需要了解不同类型的人，并知道他们擅长什么和不擅长什么；跨界者自身要注意培养几种不同的兴趣爱好，这样在与不同类型的人相处时能有话可说。当然，这个方法其实只是"一般来说"，更重要的是跨界领导者的综合素质。在这里，我们不妨来看李开复这个值得学习的例子。

李开复入主谷歌的时候，放在今天来看，他最厉害的一点是能给美国硅谷的那帮极客和中国政府搭建一个沟通的枢纽。这件事的难度在当时是可想而知的，中美双方的价值观、文化背景完全是两个世界，如果彼此直接沟通，无异于鸡同鸭讲，根本没有办法在同一个频率下说话。在这种情况下，李开复无论是主持微软还是主持谷歌，他都能够让中国政府和美国硅谷的公司保持一种最基本的理解和信任，从而维持了外企在中国的业务发展。实际上，李开复纵横海峡两岸、搭建中美桥梁，对于各地的职场风格深有体会，同时也练就了他高超的沟通能力。

◈ 与其他组织跨边界沟通

传统组织是一个静态系统，现代组织是一个开放的系统，两者有天壤之别。在现代社会，任何一个组织都必然要和周围环境建立广泛的联系。而领导者凭借其交际能力和领导艺术，与其他组织进行沟通协调，能为组织赢得有利的外部环境。尤其是企业在跨界过程中会有越来越多的跨组织协作，这就需要高效的沟通机制，而领导沟通的目的就是保持组织内外关系的协调。

在跨界过程中，领导者要与跨界合作的其他组织进行协调，但这里面更重要的是学习借鉴。一方面，不断地从其他组织中取得先进的经验，以增进自己组织的科学性管理；另一方面，要以其他组织的教训作为自己的组织管理和组织发展的前车之鉴，不断调整组织管理与运作的方针和策略，从而为组织目标的实现提供顺利发展的依据。

❖ 与社区跨边界沟通

企业作为社区成员中特殊的一员，在精神文明、物质文明和政治文明的建设方面具有重要作用。企业与社区发展之间是一种唇亡齿寒的利害关系，正确处理两者之间的关系对和谐社会的构建意义重大。在构建良好社区关系的过程中，企业领导者一定要敦促企业相关部门采取以下策略：

第一，企业对社区公众有不可推卸的社会责任，这是搞好社区关系的根本策略。企业的社会责任包括：与社区中的邻里保持友好关系，维护社区的环境和生态，协助社区的社会教育，提高社区福利，协助社区解决棘手问题如青少年犯罪、伤残人士就业问题等。在这些社会责任中，维护环境和生态是最为重要的，假如一个企业无视或逃避这一社会责任，必然会引起社区公众的愤怒，良好的社区关系根本无从谈起。

第二，企业要加强与社区的信息沟通，应把自身的有关情况不断告知给社区公众，让社区了解自己，同时要表达希望能与相邻单位共同努力振兴社区、多做贡献的良好意愿。为了加强信息沟通，企业要经常调查、了解社区公众对企业的印象及各种意见，对于好的意见或建议要坚持，不足的地方要迅速采取措施加以改进。

第三，企业要参与社区公益活动。为社区做好事，才能赢得社区公众的好感，而社区也会反过来支持企业。企业要积极参与社区公益活动，如兴办教育以发展社区文化，帮助社区安置老人以及支持残疾人事业，宣传社区的名胜古迹以吸引游客、繁荣社区，宣传社区资源及工业潜力以吸引外资，维持治安秩序以保障社区公众安全，等等。这些活动都将不断强化企业在社区中的"热心居民"形象。

第四，企业要对社区公众实行开放参观，以提高透明度，减少社区公众对企业的神秘感，让社区公众认识和了解企业。为此，企业可定期或不定期地邀请社区各阶层人士来本企业参观，并使参观活动独具特色，能够给参观者留下深刻的印象。通过开放参观，树立本企业的良好形象，增进公众对本企业的了解和信任，以消除存在的误解和偏见。

第五，企业要增进与社区公众的情感交流。要培养同社区公众的良好感情，必须通过一些有效的方式进行沟通，以便及时地了解社区的意见和态度，并使企业的意见迅速准确地传播出去。企业与社区公众的情感交流方式是多种多样的，如邀请地方政府官员、企业、商店、学校、医院及居民代表一起聚会，以加深了解，增进友谊；举办座谈会、电影招待会、音乐会、舞会、演出及体育活动等，以丰富社区的文化生活，同时扩大企业在社区的影响。

第六，企业要不断完善自身。企业的一举一动要从完善自身出发，比如企业排出的废水、废气、废渣、噪声等是否对环境造成污染，企业施工对环境是否有影响，等等。通过对各方面的不断完善，才能打造企业的良好形象。

第四章　定规建制
——跨界官有效执行的能力

在跨界实施过程中，领导者有效执行的能力主要体现在三个方面：建立共同目标，以引导各方步调一致；形成跨界机制，以增强凝聚力；有效的跨界执行，强调跨界的根本不是空对空，而是重在执行。这三个方面也是三个环节，在各个环节的有效领导，可以提升领导者储备知识、跨界思维、跨界沟通、团队合作和跨界角色转变的能力，并在完善的工作机制基础上提升跨界整体水平。

共同目标的建立：形成跨界认同，
引导各方步调一致

管理学大师彼得·德鲁克曾说过，并不是有了工作才有目标，而是有了目标才能确定每个人的工作。在跨界过程中，领导者要通过跨界协作，依托资源整合，建立共同目标。只有共同目标才能彰显参与跨界各主体的公共价值，也只有在共同目标的引领下，才能形成跨界认同，进而引导各方步调一致。

◈建立共同目标，形成跨界认同

研究发现，能否提出令人振奋、具有广阔发展前景、能够为追随者所认同、能够持续引领组织或团队向前发展的共同愿景，直接决定着治理的成败和组织的命运。跨界问题关乎每个参与主体的利益，建立共同目标能够帮助各方迅速达成共识，充分调动各方资源，这是形成合力、向心力和凝聚力的关键所在。

建立共同目标，领导者首先必须确认自身的核心价值与核心身份，以此为出发点，才能明确跨界的目标和方向，才能考虑我们在何时与谁建立什么样的恰当关系，怎样进行有效的跨界，然后才能付诸行动，提高跨越界限的能力。

建立共同目标，领导者还要鼓励各群体超越自己的小集体身份，创造大家认可的新身份和共同目标。动员各个参与群体超越自身差异，结成彼此呵护的合作同盟，这样即使有外力冲击，各个参与群体仍然能保持团结。

跨界需要管理，跨界管理更是治理，而有效的跨界治理就必须找到彼此的认同感，如此方能成就一次成功的跨界。有研究表明，组织机构管理效率低下的原因就是管理碎片化和机构间的协同失灵，跨界认同就是使管理碎片化进行意识层面的整合统一。在这之中，最为重要的就是各个协作组织对主导组织的权威的认同，能够自愿接受主导组织的领导，并主动按照既有治理职责完成有关工作任务。也就是说，新形成的跨界工作团队成员需要对跨界领导者服从，愿意接受其分配的工作任务和行动指挥，能够与其他团队成员有效合作，具有共同的使命感和担当精神。

总之，在一个跨界联盟中，目标的共同性和共识性的程度与价值观和态度的相似程度成正比，因此，作为首席跨界官的领导者既要确认自身的核心价值，也要鼓励参与各方能够超越自己的小群体，这样才能真正建立起大家认可的共同目标。同时，形成跨界认同重在认同权威，权威认同要看主导企业的实力，但在一定意义上则取决于跨界领导者的个人魅力，这无疑是对首席跨界官的一个挑战。

◈整合资源，协调各方

跨界是整合资源、合作共赢的过程，因此驾驭治理新局面是重头戏。在这个过程中，领导者要将不同界域组织（部门）纳入公共事务治理范畴，在多元主体之间、不同部门之间建立一种全新的合作关系，开展真诚、平等、互惠合作，以应对纷繁复杂、利益多元、诉求多样的跨区域、跨领域、跨组织、跨部门公共事务。这也是"跨界领导"模式产生的原因。

实务中，跨界领导者需要锐意革新，大刀阔斧地打破原有组织结构僵化、碎片化的局面，突破传统条块分割的权力壁垒，建立起整体治理、网络治理体系，扩大资源配置半径，便于协同行动。一个成熟、称职的跨界领导者，不仅要进行刚性管理，诸如完善信任机制以减少合作摩擦、健全分权机制以进行合理授权、塑造沟通机制以形成有效协作、建立激励机制以调动积极性、落实责任机制以督促职责履行等，而且要善于运用柔性化领导艺术，借助组织文化、制度规范、领导魅力等要件实施隐性领导，充分发挥出一个跨界领导者应有的影响力、沟通力、创造力等"软权力"的作用。

跨界机制的形成：创新工作机制，增强凝聚力

跨界不仅需要打破现有框架去迎接新挑战，也需要冒着风险去进行创新工作机制。跨界领导者必须始终站在时代的前沿，创新工作机制，增强凝聚力，以解决跨界中遇到的问题。

现实中，各行各业建立跨界工作机制的成功做法有很多，限于篇幅，下面我们选择江苏无锡"河长制"和湖南"跨界合作协同融合"模式这两个例子一起来看看。

◈ "河长制"与跨界治理下的领导力提升

2016年10月11日，中央全面深化改革领导小组组长习近平主持召开中央全面深化改革领导小组第28次会议。会议审议通过了《关于全面推行河长

制的意见》，并指出全面推行"河长制"的目的是贯彻新发展理念。

"河长制"的诞生，与"太湖蓝藻事件"有关。2007 年 5 月，无锡段太湖蓝藻大面积暴发，南靠太湖的无锡水源水质恶化，生活用水和饮用水严重缺乏，引发市民抢购纯净水。据新华社当时的报道，当年 6 月 11 日，国务院太湖水污染防治座谈会在无锡召开。时任中共中央政治局常委、国务院总理温家宝做出批示：太湖水污染事件给我们敲响了警钟，必须引起高度重视，要认真调查分析水污染原因，在已有工作的基础上加大综合治理力度，研究提出具体的治理方案和措施。

"太湖水危机"令无锡人反思，针对水污染严重、河道长时间没有清淤整治、企业违法排污、农业面源污染严重（指农业生产活动中产生的有机物、肥料、农药等污染物引起的水体污染）等现象的整治行动全面展开。2007 年 8 月，无锡市委办公室和市政府办公室印发《无锡市河（湖、库、荡、氿）断面水质控制目标及考核办法（试行）》，将河流断面水质检测结果"纳入各市（县）、区党政主要负责人政绩考核内容"，"各市（县）、区不按期报告或拒报、谎报水质检测结果的，按有关规定追究责任"。这份文件的出台，被认为是无锡推行"河长制"的起源。

简单来说，"河长制"即由各级党政主要负责人担任"河长"，负责辖区内河流污染治理。"河长"是河流保护与管理的第一责任人，主要职责是督促下一级河长和相关部门完成河流生态保护任务，协调解决河流保护与管理中的重大问题。这项从河流水质改善领导督办制、环保问责制衍生出来的水污染治理制度，让无锡市党政主要负责人分别担任了 64 条河流的"河长"，真正把各项治污措施落实到位。

2008 年 6 月，江苏省政府决定在太湖流域推广无锡的"河长制"，省政府办公厅印发《关于在太湖主要入湖河流实行双河长制的通知》：每条河由省、市两级领导共同担任"河长"，"双河长"分工合作，协调解决太湖和河道治理的重任。随着"河长制"的进一步推广，一些地方还根据实际，将河长扩大到由人大、政协领导担任，部分地方设立市、县、镇、村的四级河长管理体系，这些自上而下、大大小小的"河长"实现了对区域河流的"无缝覆盖"。

"河长制"带来的变化立竿见影。太湖15条入湖河流之一的太滆南运河曾长期受住家船污染问题的困扰，江苏省环保厅厅长陈蒙蒙和时任宜兴市委书记王中苏任"双河长"后，多次实地督查沿河污染源、排污口，取缔住家船，河流水质、沿河生态得到较大恢复。

"河长制"最大限度上整合了各级党委政府的执行力，弥补"九龙治水"的不足，形成全社会治水的良好氛围。

从组织架构看，纵向从省领导、市委书记、市长到区委书记、区长、镇委书记、镇长、村支部书记、村委主任，各级"河长"形成"一荣俱荣、一损俱损"的治水"生态链"；横向从政府各级部门开始，发改、经贸、财政、规划、建设、国土、城管、工商、公安等部门各有分工、各具使命，谁都不能在水环境治理上缺位。

从社会影响力看，产业结构调整随着"河长制"的推进也不断加速，沿河、沿湖企业不得不放弃传统落后的生产方式，关停超标排污企业，寻求清洁生产方式，促进循环经济发展。同时，民间治水力量也被带动，参与积极性得到提高。

2010年，无锡"河长制"的故事被搬上大银幕。这部名为《河长》的电影被称为"中国首部水危机环保主题电影"，由环保部、无锡市委宣传部和昆山市委宣传部联合摄制，著名演员吕良伟、周显欣、牛犇主演，"河长制"这一制度创新由此为更多人所熟知。

随着"河长制"在江苏的推行，北到松花江流域，南至滇池，"河长制"逐渐从太湖流域走向各地。来自水利部的数据显示，目前已有北京、天津、江苏、浙江、安徽、福建、江西、海南8省市在全境推行"河长制"，16个省区市在部分区域实行"河长制"。据《人民日报》海外版报道，2015年启动"河长制"的江西是目前"河长"规格最高的省份：省委书记任省级"总河长"，省长任省级"副总河长"，7位省领导分别担任"五河—湖—江"的"河长"，并设立省、市、县（市、区）、乡（镇、街道）、村五级河长。

在江苏的近邻浙江，"河长制"也得到空前重视。2008年，湖州市长兴县试行"河长制"，随后，嘉兴、温州、金华、绍兴等地陆续推行。2014年，浙江省委、省政府全面铺开"五水共治"（即治污水、防洪水、排涝水、保供水、抓节水）工作，为再创浙江发展新优势打响全民治水攻坚战，"河长制"被称为"五水共治"的制度创新和关键之举。浙江已形成强大的河长阵容：6名省级河长、199名市级河长、2688名县级河长、16417名乡镇级河长、42120名村级河长，五级联动的"河长制"体系已初具雏形。2016年6月，浙江省治水办出台《基层河长巡查工作细则》，首次为全省基层河长的巡河工作制定详细规范，明确"对巡查履职不到位、整改不力等行为，在约谈警示的基础上，还应进行督办抄告，视情启动问责程序"。

据新华社报道，2016年10月11日召开的中央全面深化改革领导小组第28次会议强调，保护江河湖泊事关人民群众福祉，事关中华民族长远发展。全面推行河长制，目的是贯彻新发展理念，以保护水资源、防治水污染、改善水环境、修复水生态为主要任务，构建责任明确、协调有序、监管严格、保护有力的河湖管理保护机制，为维护河湖健康生命、实现河湖功能永续利用提供制度保障；要加强对河长的绩效考核和责任追究，对造成生态环境损害的，严格按照有关规定追究责任。

无锡市率先尝试的"河长制"，目前已经作为我国流域跨界治理的好经验、好做法在全国推广。经过多年的实践发现，流域内的河长们在履行职责以及确保流域内的环境保护和生态建设中具有高度的责任感和沟通协调能力。

◈ "跨界合作协同融合"模式

为认真学习贯彻中央统战工作会议精神，进一步整合社会各方工作资源，不断推进"精品化"新路子，自 2015 年初以来，湖南省委着力推进民建反映社情民意的"跨界合作协同融合"模式创建工作，并已取得初步成效。其工作内容主要为以下三个方面：

第一，创建"定向约稿"长效机制。主要在三个方面创建长效机制：一是选题来源。一方面，每周一或者每周五，由民建湖南省委参政议政处咨询民建中央调研部，请求给予"定向约稿"选题；另一方面，每周一或者每周五，由民建湖南省委参政议政处向民建各市委、省直各支部广泛征集"参考选题"意向。二是选题筛选。民建中央给予的"定向约稿"选题，直接发送；向民建各市委、省直各支部广泛征集"参考选题"意向，由民建湖南省委参政议政处进行分析、筛选后，及时发送。三是选题发送。根据约稿选题涉及的工作范畴，以中共湖南省委、省政府"两办函""民建湖南省委调研函"叠加的形式，及时发送传真给湖南省相关厅局办公室主要负责人，约定书面调研材料反馈时间，民建湖南省委参政议政处加强沟通联络，确保及时反馈。

第二，创建"定期转办"长效机制。对内容涉及湖南省范围内的社情民意稿件，民建湖南省委以"社情民意转办函"形式，及时发送传真给湖南省相关厅局办公室主要负责人，约定书面答复时间，民建湖南省委参政议政处加强沟通联络，确保及时反馈。

第三，创建"成果共享"长效机制。与"跨界合作协同融合"的湖南省相关厅局长期建立"定向约稿""成果共享""媒体推介"等多方面融合机制。

湖南民建反映社情民意"跨界合作协同融合"模式的创建工作，其推进步骤包括以下三个阶段：一是试点阶段（2015 年 1 ~ 8 月），制定《关于创建"跨界合作协同融合"模式的实施方案》，与"跨界合作协同融合"的湖南省相关厅局真诚合作，尽快启动"定向约稿""定期转办"试点工作。二是推广阶段（2015 年 9 ~ 12 月），与"跨界合作协同融合"的湖南省相关厅局真诚合作，实现"定向约稿""定期转办"工作"常态化"，稳固建立"定向约稿""成果共享""媒体推介"等多方面融合机制。三是总结阶段（2016 年 1 ~ 5 月），与"跨界合作协同融合"湖南省相关厅局真诚合作，系统总结双方创建工作探索经验，及时推出创建工作的实践成果、制度成果、理论成果；及时与相关媒介联系沟通，加大创建工作宣传推介力度。

通过半年来的大胆探索，湖南民建反映社情民意"跨界合作协同融合"模式创建工作已经取得初步成效，主要体现在三个"新"字上：一是推出成功新模式。中共湖南省直机关工委宣传部有关负责人专程给民建省委参政议政处负责人打来电话，明确表示已将民建湖南省委提交的《湖南民建反映社情民意推出"协同创新"工作模式》一文，作为中共省直机关工委向中共湖南省委宣传部推荐的"学习总书记讲话 用习总书记讲话成功实践案例"。

二是实现历史新突破。由民建衡阳市委撰写的社情民意稿件《惠农文件需要"回头看"》，刊发在《人民日报》"议政建言"专版，这是湖南民建社情民意稿件首次在《人民日报》上刊发，实现了历史性新突破。三是推出试行新经验。《人民政协报》以《民建湖南省委成立"智库团队"，推动反映社情民意"精品化"》为题，对湖南民建反映社情民意工作创建"智库团队"工作经验进行了专题报道，人民政协新闻网、中央统战部新闻网等 11 家媒介相继转载。

以上"河长制"和"跨界合作协同融合"模式这两个例子虽然属于政府行为，但其建立跨界工作机制的做法是具有普遍意义的。这些成功的做法也给企业跨界工作机制的建立以启示：在跨界过程中，跨界领导者要根据需要建立一系列的工作机制，如责任机制、协作机制和决策机制等。既要站在尊重多样性的基础上，秉承开放、合作、共赢的原则，制定合理的工作机制；也要反映社会上的各类组织最广泛的利益，采取更富有成效的工作方式，增强凝聚力，实现共同繁荣的目标。

有效的跨界执行：跨界的根本不是空对空，重要的在于执行

跨界的根本不是思想、思维等在新领域的空对空，而是在实践中发现解决问题的跨界机会，而发现机会和解决问题重在执行。只有通过执行，才能发现和解决跨界的工作机制是否完整，是否出现"权威缺漏"，是否运行有

序、运行高效等。

◈联席会议制度有助于跨部门的协同

跨界的成败就在于其背后的管理决策机制。比如在对京津冀跨行政区治理的过程中，国家设立了中央级的跨界治理部际联席会议制度，以便及时协调中央不同部委之间的利益问题，同时积极为地方层面真正实现跨区域经济共同一体化发展创造条件。企业面对跨界过程中的协同问题，也可以建立这种类似的联席会议制度，以进行有效的决策和协同。

◈跨界执行需要全方位沟通

有效的跨界执行离不开全方位的沟通能力。作为跨界领导者，能否在多种利益之间进行斡旋和干预，找到立场背后的共同利益，是集体行动成败的关键，而这全赖于沟通交流，只有进行全方位的沟通交流，才能真正从多个角度来看待问题，从而更好地执行。为此，不仅要从错综复杂的信息资源中抓住主要矛盾，把握矛盾的主要方面，去粗取精、由表及里，而且要在此基础上进行综合，这样才能掌握跨界治理工作的主动权。

◈发挥诚实中介者的能力

在跨界过程中，跨界领导者要在竞争性的权力结构中做一个诚实的中介者并发挥出作用，这是跨界执行中很重要的一环。"中介者"是领导者在跨界领导实践中必须扮演的角色，也是领导者能力的体现。实践中，发挥诚实中介者的能力，对于跨界过程中的谈判及应对复杂情形都会产生积极的影响。

第五章　再造新界限

——跨界官自我修炼的能力

再造新界限指的是领导者的自我修炼能力，即在发现自我的基础上，通过行为转化和发展影响力，建立新共识，进而再造新界限的能力。从这个意义上来说，领导者跨界能力的形成应该经历这三个阶段：突破管理边界；建立新共识；铸就新边界。这三个阶段的实践同时又组成三个相关的策略，即针对管理边界的缓冲和反映、针对建立新共识的联系和动员以及发现新边界的形成和转变。这三个有针对性的策略能带来安全、尊敬、信任，能加强互相依赖和自我重塑，这些结果又一起构成了集合效应，即各群体之间共同取得的成果远远超过其各自独立时可以取得的成果。这是跨界领导的终极目标。

突破管理边界：有效整合各领域
人才力量、提升管理效率

实施跨区域、跨部门、跨行业的跨界，是有效整合各领域人才力量、提升管理效率的重要途径之一。突破管理边界本身就是一种创新，而创新源自知识积累和创造性思维活动，因此需要跨界领导者具备突破管理边界的能力和策略。

◈突破管理边界的能力

跨界领导者突破管理边界的能力，包括知识储备的能力和跨界思维的能力。

掌握必要的知识是实现有效跨界的前提和保障，也是跨界过程中的决策依据。因此，领导者必须善于学习自己专业的知识、业务知识，还要学习跨越本专业领域的邻近专业领域的知识，以及能够渗透于各领域的知识。只有这样，才能在需要离开熟悉的职业路径时，有能力去迎接新的考验并承担相应的风险。

跨界思维不同于传统意义上的管理思维，它是指大世界、大眼光，多角度、多视野地看待问题和提出解决方案的一种思维方式。首先，跨界领导者要思考解决跨界问题的全局意义和长远影响。在信息化时代，企业为了创造和利用机会，就会采取跨界的形式，通过与其他企业的联合，破解发展难题。

企业联合形成利益共同体是企业未来的发展方向，更需要创新管理方式，如果只靠眼前思维，短期决策则无法胜任这种跨边界组织的要求，只有着眼于全局意义和长远影响，才能使不同的利益共同体产生"蝴蝶效应"，从而实现效益最大化。

其次，跨界领导者还要从整体上思考跨界问题，通过整合来纠正条块分割带来的体制机制障碍。跨界思维不着眼于问题的局部，不是"只见树木，不见森林"的片面思维，跨界思维是将问题作为一个整体进行思考，着眼于问题的整体结构，分析整体结构，找出问题解决之道。强调从利益共同体内部的诸要素之间、整体与部分之间、系统与环境之间的辩证关系去探究，在事物的共性中认识和理解个性，并善于"解剖麻雀"，通过个性把握整体的共性。这种思维方式有助我们打破僵化思维，分析跨界问题成因，发现跨界治理发展规律，应对跨界过程中的问题。

最后，跨界领导者要积极探索有效的跨界方式。跨界过程中由于大量纷繁复杂的信息交汇势必产生跨界的"群体激智"：或跨越时间进度，加大思维的前进性；或跨越转换角度，加大思维的跳跃性、灵活性等。因此，领导者更要打破常规，超越一般的逻辑推导规则和通常的实践进程，探索新的跨界路径和方法，这也是突破管理边界能力的一种体现。

◈ 突破管理边界的策略

突破管理边界不仅需要领导者具备一定的能力，还需要在实施过程中采取一定的策略，比如"缓冲"和"反映"就是两种行之有效的策略。

所谓缓冲，就是跨界领导者担任缓冲器的角色。一方面，是保护各跨界成员免受威胁或不必要的外界影响，帮助各跨界成员培养和保持清晰的团队身份，以便形成各跨界成员间的心理安全感；另一方面，是帮助各跨界群体能够与组织内外的其他群体进行合作，并继续发挥缓冲器的作用，让群体间的边界保持清晰，因为如果边界模糊或消失，任一群体存在的目的都会模糊或消失。

所谓反映，就是跨界领导者鼓励跨界参与各方相互学习借鉴，将这种学习借鉴当作一面镜子，使跨界参与各方都能看到边界两边的情况。比如通过参加其他群体的会议、阅读其论坛帖子等形式去学习借鉴，这样的"镜子"反映，能够"照亮"群体间的差异和相似点，使跨界参与各方看到大家在目标上的共同点，并为合作清除障碍。

建立新共识：共识是信任、合作的基础

跨界治理的根本精神是契约精神，而这个共识就是信任、合作的基础。事实上，跨界过程就是建立新共识的过程，有了一套新的共识体系，才能形成有效的价值认同，进而促使其他方面的趋同。

◈建立新共识的能力

所有组织之间的合作都需要建立新共识，企业的跨界合作也是如此。跨界参与各方能够建立新共识，不仅要依靠跨界领导者良好的跨界人际沟通能力，而且还要依靠跨界领导者高效的团队合作能力。

跨界人际沟通能力是跨界领导力的前提和基础。在跨界过程中产生的新组合体里，尤其需要很强的跨界人际沟通能力来打开局面。一个在界外没有人际网络的人是很难跨界的。人际网络越广泛，跨界的范围就越大，跨界所能产生的聚合力和效能也就越大。

团队合作是跨界的关键环节。事实上，不管是哪一种形式的跨界，最后都会把治理各方的有关人员聚在一起，形成新的工作团队。对于新团队的管理，仅靠一个人或个别组织是远远不够的，因此跨界领导者必须认识到相互依赖、相互支撑的重要性，并且深刻领悟到只有在团队精神的激励下共同努力才能达到治理的成功。所以，培育合作精神，提高组织效能，增加工作自豪感和组织归属感，使合作成为一种支持性资源，才能不断推动跨界取得实效。

◈建立新共识的策略

建立新共识不仅需要跨界领导者具备一定的能力，还需要在实施过程中采取一定的策略，比如"联系"和"动员"就是两种行之有效的策略。

所谓联系，就是群体成员暂时放下群体身份，进入一个具有中立、开放特点的物理空间地带，以便在面对面的过程中建立个人交往关系。如果这种联系能长时间保持，并且不断建立新的关系，群体之间就能互相渗透，增进信任。为此，可以划定一些具体的地点，让组织内不同群体、职能或部门之间的物理边界暂时消失。如在谷歌位于加州山景城总部的大楼里，楼层里面的设施可以组合成灵活的类社区空间，方便人们见面会谈。员工在一个开放餐厅免费吃饭，其中还竖立着一个巨大的白板，能随时捕捉午餐闲谈中可能产生的创意，体现了"面对面"的魅力。

所谓动员，旨在重构界限，鼓励各群体超越自己的小集体身份，结成彼此呵护的同盟，创造大家共有的新身份和共同目标。这时，即使有外界力量试图搞分裂，各群体仍然能保持团结。如果说"联系"是可见的物理空间，那么"动员"就是看不见的精神"链接"。动员的一个技巧是讲故事，比如当联想在 2005 年购买了 IBM 的全球个人电脑事业部时，联想的高层领导迅速编织了一个故事，使联想成为了连接东西方优势的"新世界公司"。这个故事不仅传达了组织的价值观，而且鼓励不同群体作为一个共同社区的成员精诚合作。

铸就新边界：打破旧机制，旧界变新界

跨界需要先破后立，在原有的治理"界"基础上产生新的"界"，这既是一种"破立"的机制，也是一个"破立"的过程。跨界领导者应该直面多学科交叉、多领域互补、多层级联动、多主体合作、多国别交往的经济社会活动，积极探索，把市场的阻力减到最小、成本降到最低，把效率提到最高、效益达到最佳。

◈铸就新边界的能力

跨界的有效领导要遵循一定的流程和环节，对此我们需要认真把握。一方面，领导者需要制定针对新边界的工作机制，并带头执行好、维护好相关管理制度；另一方面，领导者要具备直面新挑战、适应新环境、擅长运用不同的方法和技能、跨领域高效工作的跨界转换的能力。这两个方面既需要领

导者认清旧角色与新角色的不同并重新定位角色，又需要领导者把握新机遇，面对新挑战，提高自身的德行修养，感召其他参与者共同开拓创新和突破。

◈铸就新边界的策略

铸就新边界不仅需要领导者具备一定的能力，还要在实施过程中采取编织和转变策略。

所谓编织，就是让群体边界在互相交织的同时保持独立，就像一名出色的织布工用各种不同的线编织成一幅图。跨界合作中，共同体的每个成员都有其独特的角色或贡献，并在具体的任务、项目中融合在一起。编织策略就是尊重每个成员的各种经验和技能，进而满足区分共同体的需要；同时又在各成员间形成新的协作，进而满足融合的需要。这样的结果就是形成了各成员之间彼此依赖和共同学习的氛围，比如代表不同区域或职能群体的人参与有关组织未来方向的开放式的深度对话，开诚布公地讨论差异等。主导企业实施这一战略，不仅可以使各相关企业加强它们自己的效力，而且还创造了一个共同的方向，能随着业务需要的变化与大家一同重组资源，利用其各异的优势来加强整个共同体的效力。

所谓转变，指的是各成员的重塑，即当各成员在重新划定彼此之间的边界的同时，也培养出了新身份和新可能，从而产生了一种新生的状态。当然，这需要跨界领导者能够为各成员提供时间和空间来接受和实现这种重塑。

第六章 可持续发展

——跨界官组织控制的能力

　　跨界经营可以说是企业成长、扩张的重要方式，而影响跨界经营最重要的因素是主导企业的跨界经营组织控制能力，或称跨界经营管理驾驭能力。它包含客观控制能力与主观控制能力两个方面，客观控制能力可以从团队、技术、资金、品牌及组织文化等方面来衡量；主观控制能力可以从经营业务与优势资源的关联程度、经营集权与分权的程度等方面来衡量。企业优势资源越充分，则控制能力越强，企业跨界经营也越容易成功。也就是说，作为主导企业要具备这两方面的能力，这样才能实现跨界经营的可持续发展。

客观控制——团队、技术、资金、品牌以及组织文化

企业自身的综合实力决定了跨界经营的客观控制能力的强弱，企业在团队、技术、资金、品牌及组织文化等方面的实力越强，其在跨界经营过程中所表现出的管控能力也会越强，也就越有可能取得跨界经营的成功。下面我们结合具体案例来看看团队、技术、资金、品牌以及组织文化在跨界经营管理中的作用和影响。

◈团队自身通力合作，人资部门大力支持

团队在跨界经营中要发挥出作用，最重要的是团队内部及各个团队间的通力合作。例如，在支持发展农民的公益活动中，来自可口可乐公司的农业、经济、金融、营销人员和美国国际开发署人员、泛美开发银行以及非营利组织，他们合作帮助种植芒果的海地农民改善商业策略和收入。此外，万科与百度的合作、华润高端项目与小米的合作、绿地集团与中兴通讯等战略合作伙伴共同启动绿地智慧城市产业发展中心等，这些都是跨界经营中团队合作的结果。案例表明，跨界团队不仅是跨越职能部门边界，更多的是跨越整个组织边界。

跨界团队合作必须让合作价值最大化，而人力资源部门是否在流程设计上给予了足够多的支持至关重要，人力资源部门可以根据员工个人的能力与

发展需求将他们分配到不同的项目中。对此，哈佛大学商学院研究人员提出了以下三点建议：第一，跨界团队需要有强有力的领导；第二，面对面沟通很重要，最好不要远程办公；第三，有新成员到来时要为他顺利融入团队提供帮助，比如提供培训机会等。

◈技术跨界已成为趋势

技术就是竞争力。大量案例表明，技术在跨界中的作用是显而易见的，比如苹果公司在 2016 年 9 月上市的第 10 代手机 iPhone 7，将电影中的 3D 景深映射技术放在了摄像头上。

互联网已经是一个十分垂直的专业领域，但互联网却离不开晶体管技术、芯片技术、光纤网络、操作系统等诸多跨界技术。

受信息技术推动，基因遗传数据的解读与利用迸发出新的活力，引发医药与 IT 巨头的跨界联手布局，国内也出现了基因产业链的创业浪潮。

海尔的云翼燃气热水器首次将手机通信芯片用在了燃气热水器上，可以直接在浴室控制远在厨房或阳台的燃气热水器。这么高端的技术，操作起来却很简单，只需要将 13 厘米长、8.8 厘米宽的智控宝插到浴室插孔中就可以了。

有人说"这是一个技术跨界的时代"，此言非虚。在当今时代，各行业间的技术分界也越来越不明显，技术跨界已经成为企业跨界合作的基石，企业拥有超强的技术，无疑会在跨界经营过程中发挥出管控能力。

◈企业跨界经营，需要资金支撑

资金在跨界经营中的作用是不言而喻的。进入一个陌生的领域，经营风险不可低估，如果没有雄厚的资金支持，最终很可能以失败告终，因此需要做好资金准备。

事实上，不论是多品牌经营还是跨界经营，都要做好资金的储备。这方面有很多成功的例子，比如原先做电视的打算制造冰箱，由于同是家电领域，可借助原有渠道迅速打开销路，圣象地板进军陶瓷卫浴领域也是一样的道理。这些企业在首次尝试跨越时获得了资本的积累，同时增强了扩张的信心。

◈ 跨界营销，打造品牌

跨界营销有一个很浪漫的名字叫作"品牌之间的恋爱"。跨界营销对打造品牌的作用至关重要，著名品牌"马大姐"就通过持续跨界营销来打造和提升品牌。

"马大姐"在营销上的举措有很多可以借鉴的经验。无论是线下的"靓丽风采秀""飓风行动""周末经济""品牌推广""标杆行动""麦可滋百日会战""肉松饼赶超行动""手撕面包铺货会战""春节旺销大会战""样板观摩""千乡万店工程""马大姐为幸福加游""马大姐真情传递""乐享生活勇夺冠军""马大姐为奥运加油"等，还是线上的"大吃货就有大智慧""致爱月全民拍""马大姐寻亲""晒幸福秀生活""爱要大声说""爱就在嘴边""在一起创奇迹"等活动，还是社会化传播方式，如与《一场风花雪月的事》、湖南卫视、滴滴出行、苏宁易购、广告易、国美电器、金鼠标、IAI、金触点、虎啸、北京大学、人民大学、汉庭酒店、波司登、海尔、联通、天津卫视、深圳卫视、《奔跑吧兄弟》、暴风科技、途牛网、乐视网、乐视、中国电信等品牌机构开展的融合互动，都很好地强化了品牌的美誉度、好感度、关注度，提升了品牌地位以及拉动了产品销量。

◈组织文化在跨界经营中的作用

组织文化是指组织中的全体成员共同接受的价值观念、行为准则、团队意识、思维方式、工作作风、心理预期和团体归属感等群体意识的总称。作为企业最为核心的资源，组织文化在跨界经营过程中具有不可或缺的引领作用，这是企业的组织文化价值的体现，也是企业得以成功跨界的根本保证。

文创商业最能体现出组织文化在跨界中的魅力。比如，昆明各大商场内出现了很多原创设计师品牌以及生活类、文化创意类产品，其中以杨丽萍艺术空间、玩物造志、1911、梵草等品牌最具代表性。这些文创品牌重设计、有情怀、高品质，并且能植入本地文化，具备独特的产品造型形式，可爱、可人、实用，因此得到了市场的认可。

主观控制——经营业务与优势资源的
关联程度、经营集权与分权的程度

企业跨界经营控制能力不仅取决于客观控制能力，还取决于企业对跨界业务经营的主观控制意识。这种主观控制意识包括两个方面：一是企业选择的跨界经营业务与企业优势资源的关联程度，二是企业对跨界经营业务是否倾向于集权。一般来说，如果这两个方面是肯定的，那么企业对跨界的主观控制能力也就越强。实际上，主观控制能力对跨界经营成功的影响并非这么简单，因此我们需要分析一下主观控制能力与成功跨界经营的关系。

◈跨界经营与资源的关联度

这里的关联度指的是业务关联性，就是说企业进行跨界经营虽然项目各异、方式不同，但一定会与原有业务在管控上产生联系，包括团队联系、技术联系、资金联系、品牌联系、组织文化联系等几个方面。那么，这些关联的程度高低会对跨界经营产生哪些影响呢？下面我们结合具体案例来说明。

在构成跨界经营关联程度这个概念维度上，公司开放、自由的组织文化可以对其跨界经营的持续成功提供强有力的支撑。例如，谷歌公司的管理层保持一种开放的工作方式，公司最高管理层会定时与公司员工进行开放式交流，以保证每一位员工都可以与企业管理层保持联系。谷歌公司的组织文化也强调开放与包容性，来自不同国度、背景各异的员工们可以相互交流各种各样的兴趣和爱好。谷歌公司的这种包容与开放的精神使新团队在融入过程中文化冲突较小，新业务的开展更为顺畅。

业务关联性高对跨界经营的影响尤为显著。如果企业可以在联系较为紧密的管控领域发挥自身优势，所面临的风险将会大大降低，同时企业在原有业务领域的资源调配能力也将成为新业务开展的重要资源。例如，海尔的跨界步骤与行业和技术密切相关，在这一过程中，海尔将其品牌优势延伸到海尔旗下的其他产品，充分利用品牌联想，进一步扩大了品牌的认知度和品牌的美誉度，有效地促进了产品的销售。

业务关联性低也会对跨界经营产生一定的影响，比如从外部并购团队来跨界进入新业务领域，这种团队组建方式下的业务关联性虽然很低，但可以快速和直接地帮助组织进入跨界经营新领域，因此很多企业采用了这种团队组建方式。例如，美国社交服务网站 Facebook 并购跨平台移动消息公司

WhatsApp 时，新团队使 Facebook 公司一夜之间成为即时移动通信领域的市场领导者，同时将其技术用于完善 Facebook 已有的业务领域。Facebook 公司很巧妙地处理了新团队融入公司的问题，使新团队的价值在很短的时间内得到了体现。

◈集权与分权管理模式的选择

企业对跨界经营采取集权或分权的管理方式，都将对跨界经营产生影响。采取集权管理方式有利也有弊，利处是便于把握与掌控跨界经营业务，降低跨界经营风险，有利于充分调配原有企业的优势资源；弊处是影响到跨界经营业务团队工作的积极性与主动性，限制跨界经营业务对外部市场变化的适应能力，束缚跨界经营业务的扩张与成长。

采取分权管理方式也有利有弊，利处是便于把握和掌控跨界经营过程中的市场变化，有利于发挥跨界经营新团队的专业优势；弊处是影响组织整体战略的实施与控制，增加企业跨界经营过程中的风险。

企业对跨界经营选择集权或分权的管理方式没有绝对意义上的正确或错误，实务中需要考虑企业在跨界经营管理中的综合管理能力及业务特点来决定。

这些综合管理能力及业务特点包括组织文化、业务关联性、团队能力与素质、风险偏好等许多因素，它们共同影响着不同选择的不同结果。以其中的一项——团队能力与素质为例，当跨界经营新业务团队综合素质较高时可以采取充分授权的管理方式，反之则应采取集权的管理模式。例如，网易集团在跨界经营生态养殖项目时，团队组建采取了外部招聘与内部选派相结合的模式，但这个新团队管理层并没有生态养殖方面的专业技术背景，虽然团队有较长时间的学习与磨合过程，但因为网易集团对项目所进行的授权管理十分有限，且管控效果不佳，至 2013 年底，这个耗时 5 年的生态养殖项目也没有取得预期的发展规模。

企业在选择跨界经营业务授权管理模式时，企业高层应该有清醒的认识。企业管理者没有必要一味地追求较高的跨界经营控制能力，而应正确判断企业状况及所处的竞争形势，把握企业跨界经营中控制能力的度，选择适合企业发展的跨界经营模式，这样才能实现跨界经营的可持续发展。

第七章　跨界四维

——源于共生，基于融合，行于共享，谋于未来

跨界，是让原本毫不相干的元素能够相互渗透相互融合，从而赋予品牌一种立体感和纵深感。看似不搭界的独立个体，通过跨界完成的是资源的优化与组合，这个过程有四个维度：跨界源于共生，勿忘初心，结伴而行；跨界基于融合，跨界而来，重在融合；跨界行于共享，资源共享，创新经营；跨界谋于未来，未来整合，先需谋划。从这四个维度把握跨界要旨，方能立足高远。

源于共生：勿忘初心，结伴而行

所谓共生，是指在一定的共同环境中，各个相对独立的单元按某种模式形成共生关系，以实现共同进化、共同发展、共同适应。简单来说，共生就是不同主体各得其所、互惠互利。企业的跨界天然地具有共生的"基因"，因为企业跨界就是互相借势增长的共生关系，所以跨界源于共生。既然源于共生，进行跨界就应该勿忘初心，结伴而行、结伴共生，如此才有跨界成功的可能。

◈普遍存在的共生效应

自然界有这样一种现象：当一株植物单独生长时，显得矮小、单调，而与众多同类植物一起生长时，则根深叶茂，生机盎然。人们把植物界中这种相互影响、相互促进的现象，称为"共生效应"。共生是一种普遍存在的现象，既存在于自然界中，也存在于社会生活中。人类社会的商业领域的共生是指企业所有成员通过某种互利机制，有机组合在一起，共同生存发展。无论是在自然界还是在人类社会，共生系统中的任一成员都因这个系统而获得比单独生存更多的利益，即有"$1+1>2$"的共生效益。

在犹太经典《塔木德》中，有一句名言：和狼生活在一起，你只能学会嚎叫；和那些优秀的人接触，你就会受到良好的影响。保罗·艾伦和比尔·盖茨走到一起并创立了微软就是最好的例证。1968年，保罗·艾伦与比尔·

盖茨相遇于湖滨中学，保罗·艾伦比比尔·盖茨年长两岁，他丰富的学识令比尔·盖茨敬佩不已，而比尔·盖茨在计算机方面的天分又使保罗·艾伦倾慕不已。就这样，他们成了好朋友，随后一同迈入了计算机王国。保罗·艾伦喜欢钻研技术，他专注于微软新技术和新理念的创新，比尔·盖茨则以商业为主，他一人包揽了销售员、技术负责人、律师、商务谈判员及总裁等职。在两人默契的配合下，微软掀起了一场至今未息的软件革命。

企业的人力资源中也存在共生效应的现象，这对跨界具有重要意义。人力资源中的共生效应有两方面含义：一是指引入一个杰出人才，可以使四方贤才纷至沓来，进而逐渐形成一个人才群体，这是以人才引人才、挖掘人才的一条规律。二是指在一个人才荟萃的群体中，人才间的互相交流、信息传递、互相影响往往会极大促进人才与群体的提升。实现人力资源中的这种共生效应，跨界是一个有效途径，因为跨界的目的就是"借智"，跨界可以在更大范围内实现人才整合，从而发挥更大的共生效应。因此，跨界领导者应当充分运用并不断强化"共生效应"，形成一个吸引人才、利于人才成长与脱颖而出的群体。

跨界源于共生，跨界领导者应勿忘初心，与人才结伴而行，与合作伙伴结伴而行，与业界同仁结伴而行。

◈跨界共生就在身边

放眼望去，跨界共生的探索体现在生活的方方面面，跨界共生的产品点缀着周围的世界。这是一个跨界共生的时代。

案例一：手游动漫端的跨界共生模式

2015 年 3 月 31 日，《勇者大冒险》同名动漫第一季首播，该动漫上线后便获得网友的一致好评，随后《勇者大冒险》动漫在腾讯动漫、爱奇艺、腾讯视频、搜狐、迅雷、土豆、乐视、哔哩哔哩弹幕视频网（简称 B 站）、优酷、布丁视频等平台播放。腾讯视频点击量达到 46.1 万次，各大视频网站总点击量当日即达到 85 万次，随后迅速突破百万次，这一数据不断刷新，截至同年 4 月 27 日，据不完全统计，《勇者大冒险》同名动漫 4 集累计播放量已过千万次。2015 年 4 月 22 日，《勇者大冒险》手游又推出了全新版本，来自同名动漫中的超人气角色神荼正式登陆到手游的冒险世界。2015 年 5 月，在 UP2015 腾讯互动娱乐发布会上，全球首个全新泛娱乐明星 IP 打造模式实践案例《勇者大冒险》正式对外亮相。在发布会现场，官方透露《勇者大冒险》各线产品将在 2015 年集中爆发，手游、动漫、端游已经在近期动作频频。

对于这一全新泛娱乐明星 IP 打造模式的"三板斧"，市场和用户的反应究竟如何呢？这无疑是我们观察"IP 跨界共生"的最好契机。

《勇者大冒险》作为全球首个全新泛娱乐明星 IP 打造模式的实践案例，腾讯、像素、南派三叔达成战略合作，开始探索多领域 IP 共生，在文学、游戏、动漫等多领域从零开始，从始端出发，同步构建《勇者大冒险》这一全新 IP 品牌。

手游《勇者大冒险》全新版本中推出的全新猎人神荼是该动漫的主要角色之一，这无疑是《勇者大冒险》IP 跨界共生模式成功的一个例证。自《勇者大冒险》手游上线以来，几乎每个月都有《勇者大冒险》IP产品的发布以及重要内容推出，直至覆盖整个网络传播面。这些全面覆盖的不同平台产品构成了《勇者大冒险》IP的完整链条。比如说动画系列，主要从神荼和安岩的角度展开故事，而在文学线之中，则会加入罗卜、苏及三个家族这些与动漫线不同的人物与故事。最终在游戏产品中强调用户的参与与互动，用剧情CG来进行剧情联动，让玩家能够以自己的亲身实感体会这一冒险世界。不同产品有着自己的特点，但在同一IP的背景之下，却形成了不同产品之间的共生关系。这种策略也正是《勇者大冒险》打造泛娱乐明星IP的基础。在不同的产品之间或许会有不同的风格、不同的人物、不同的冒险，但是由于存在于同一世界观中，在故事中存在着各种预先设置的关联。这样，在用户对于一款产品产生兴趣的同时，也就进入了整个IP的世界之中，从而对后续的产品产生兴趣，并且最终加入到完整的体验之中。业界人士分析，手游《勇者大冒险》融合了射击、动作、培养、骑乘作战甚至载具战斗等多种玩法，最终定义为全新动作射击品类。在卡牌、消除、跑酷等模式的手游犹如过江之鲫的今天，将细分品类玩法结合的全面革新，在综合了多种成功玩法的基础上予以突破，将开辟出一个全新的手游玩法品类，也为近年来有些审美疲劳的手游市场增添了一抹亮色，因此引起了现象级井喷。

《勇者大冒险》作为全球首个全新泛娱乐明星IP打造模式实践案例，以全球冒险世界观为始端，将在文学、游戏（横跨端游、手游、电视游戏、主机等全终端游戏）、动漫三大领域，从零开始，互动共生，共同构建全新的冒险世界，为用户提供全方位的冒险体验。

案例二：互联网＋基因，感知跨界共生新未来

2016 年 11 月 16～21 日，在深圳举办了第十八届中国国际高新技术成果交易会（以下简称"高交会"），紧接着，由中国高科技行业综合门户网站 OFweek 主办的 2016 年高交会论坛在深圳大中华喜来登酒店文厅进行，高交会论坛以"感知未来跨界共生，智能＋时代"为主题，对最新智能产品与互联网的结合情况进行探讨，很好地诠释了高交会"创新驱动、质量引领"的主题。参与探讨的企业百花齐放，引领互联网时代的创新潮流。其中华大基因互联网发展中心（以下简称"华大基因"）提出了与传统医学共存的市场开拓理论，展示出了人文情怀以及提出"精准健康、多组学健康生态"的市场风向标，引起了参会者的极大兴趣。

在互联网时代，做"互联网＋基因"是华大基因重要的战略之一，让互联网和医疗共生，而不是颠覆传统的模式，让互联网和基因成为一种未来发展趋势，更好地实现利用基因检测造福人类的理想与愿景。华大基因在互联网板块已取得一定的成就，O2O 平台一系列的互联网产品的研发以及产品的普及，通过自媒体进行科普宣传，进一步让基因互联网市场能够为消费者所接受。华大基因认为，"互联网医学""互联网基因"本身就不容易，与互联网共生是一种必然的选择。在接下来的工作中，华大基因在互联网市场准备进一步深入宣导，让检测、干预形成健康的一个整体循环。

在高交会论坛之后不久的 2016 年 12 月 13 日，华大基因宣布成立华大运动，正式进军精准运动。华大基因此次跨界进军运动领域，将围绕基因进行产业化布局，即通过基因技术连接各行各业，最终打造"基因＋"的生态版

图。华大运动成立的同时推出了运动基因检测产品——"因动"，即随因而动，该产品能检测部分运动能力相关位点，包括运动潜质、运动损伤、运动营养等，并能通过口腔拭子采样，快速自动化出报告。此外，华大运动还能提供遗传性心律失常检测，运动前、中、后全营养评估等。

跨界合作是华大运动进军运动市场的一个方式。华大运动分别与深圳市深潜教育培训有限公司、北京知因盒子健康科技有限公司携手开展战略合作。其中，深潜训练营已发展成为面向多层次人群的系列品牌，北京知因盒子健康采用全球最大基因组学中心的高通量测序技术。在华大基因看来，创新的思维和创新的实践是永无止境的，实践必须与科学结合起来，在精准的科学指导下才能精准运动，同时也有精准的营养保证，这样华大运动才能走出一个全新的发展模式。

案例三：从场景共生到跨界共创

2013 年 11 月，由蚂蚁金服、腾讯、中国平安等发起设立的国内首家互联网保险金融机构众安在线财产保险股份有限公司（以下简称"众安保险"）正式揭牌，发起者"三马"（马云、马化腾、马明哲）的名头使其一开始就备受瞩目。众安保险的业务流程全程在线，全国均不设任何分支机构，完全通过互联网进行承保和理赔服务。在众安保险之前，传统保险业与互联网结合的模式已屡见不鲜，但基本仅限于两个方面：传统保险公司参与互联网销售和互联网代销平台，即互联网保险 1.0 时代。众安保险则从互联网保险 2.0 即场景化保险起步，用互联网手段挖掘用户需求，进入网购、外卖、O2O 等传统保险过去无法销售的场景。

众安保险推出的第一款保险产品"众乐宝",就是立足为电商解决资金压力的保证金保险;随后,面向 B2C 市场的电商保证金保险"参聚险"上线;更广为人知的一款产品"退货运费险"则是针对电商物流环节。随着业务规模拓展,众安保险又推出航空延误险、盗刷险、高温险、小米手机意外保障计划、轮胎意外保险、美团食品安全责任保险、参聚险等多达 100 多种产品,覆盖交通、旅游、购物各个领域。可以看出,风生水起的众安保险,此时的立足点便在于保险与互联网场景的共融共生。

不过,蒸蒸日上的众安保险也有自己的烦恼。众安保险的发展过度倚重淘宝、携程、百度等重要渠道,这一点一直被公众质疑。众安保险也意识到了这方面的问题,于是筹谋布局传统保险领域。众安保险于 2015 年 5 月拿下车险牌照后,开始有计划地进入寿险、健康险、返还型保险等传统领域,并将布局信息技术服务、保险中介服务等配套市场。然而,大金融背景下,仅靠这些必定不够。如何形成核心竞争力,适应金融发展全方位的需求成为重中之重。众安保险未来的战略是"跨界共创"。

2015 年 7 月,众安保险与电商平台蘑菇街推出个人消费信用保证服务"买呗",成功投保的客户即可享受"先消费、后付款"的服务,免息期长达 40 天,用户额度最高达 2 万元。通过与电商平台蘑菇街的跨界合作,众安保险从信用保证保险的角度切入到消费金融领域。2016 年 1 月,众安保险又推出了"保骉"(读音 biāo)车险,它标志着众安保险入驻支付宝钱包,用户可以选择将原需支付车险保费的资金冻结在余额宝里,享受车险服务的同时,额外享受资金增值带来的收益。

众安保险以余额宝为突破口,切入到金融理财领域。其从场景共生到跨界共创之路,是互联网保险市场发展的主流趋势,同时也反映了跨界源于共生的内涵。

◈ 共生哲学内涵探讨

我们说跨界源于共生，共生不仅要协调经济与利益，实现共同富裕，还应该有认识论作为基础，前者属于实体，后者属于学术，两者相辅相成。那么，究竟如何理解共生？无哲学指导则无以明方向辨是非，从哲学的高度来分析共生，可以让我们高屋建瓴地洞悉共生的真相。故这里不惜篇幅，探讨一下共生的哲学内涵。

共生的哲学内涵具有自己的独立性，强调的是一体、创生、共存与超越。

共生概念是对事物发展规律的高度概括，尤其是共生体的同体共生，它是宇宙创生的最高形式。同体共生是世界的普遍现象，宇宙本来就是"同体与共生"的圆满世界。从共生的视角来看，同体共生这种存在本身就是一种"内在和谐"，因此共生思维天然地具有广阔的思想视域，可以帮助我们既能看到任何简单的敌对关系，也能看到相生相克的关系。进一步讲，敌对关系和生克关系皆囿于限定时空，是针对某一层面的描述，而且这种描述不可避免地戴上了有色眼镜。换句话说，只要将原来的敌对关系或生克关系放在更高层次、更为宽广的领域来予以透彻考察，就会发现这些关系都可以被统摄到同体共生关系之中。这是共生的一体性哲学内涵。

共生的过程也是创造的过程，而共生思维恰恰强调的是我们要在事物发展过程中充分发挥创造力，对事物的存在足够尊重，并积极寻求和解的技艺，促使事物在可能的情况下达成同体共生。"共生"实际上可以看作是一种寻求和解的技艺。在创造性解决对立关系或者矛盾关系时，尤其要注重兼顾时空与事物之间的关系。事实上，共生演化是多重因果的、多层嵌套的、非线性的，同时也是正反馈的、有路径依赖的、有机响应的，总之是在告诉我们，对待共生现象不能用简单机械的思维去理解。这实际上是在暗示我们，研究共生现象的全新思维至今尚未完全建立，还有待逐渐丰富深化，而丰富深化就是一种创造。这是共生的创生性哲学内涵。

同体共生的关键在于对立面的存在，也就是说，如果失去了自己的"敌人"，也就失去了自己存在的条件意义。几乎没有一种思想能够像共生思想这样如此积极主动地正视矛盾，重视"敌对"关系。从共生的视角来看，敌对关系就是事物存在的最大财富，失去了对立面，最坏的可能是意味着死亡，其次就是失去了一个共生的机会，一个更为广阔的生存空间和发展道路。这正验证了"机遇与挑战并存"的俗语，它意味着越是矛盾重重的地方，就越富有事物重生或转机的可能。在方法论上，这就要求实践共生的主体，要尊重对立面，小心谨慎地处理对立面，甚至将对立面视为另一个自己。这是共生的共存性哲学内涵。

共生思想成功超越了功利主义，是可以经得起实践检验的、富有生命力的价值理念。一般意义上的功利主义，也就是效率价值，是检验某一理论是否成功的试金石。然而，真正超越功利主义，不是否定功利，而是满足功利主义的基本条件，寻求更高层次的发展。正如马克思所说："'思想'一旦离开'利益'，就一定会使自己出丑。"共生在整个过程中从来就没有与利益发生过冲突，甚至可以这样说，共生就是力图使自己成为谋求价值最大化的最佳方法。在共生世界中，利益并不存在于别处，它就存在于共生关系当中。这是共生的超越性哲学内涵。

对于共生哲学的积极意义，复旦大学访问学者、全球共生研究院发起人钱宏在《中国：共生崛起》一书的卷首语中说：当人们意识到并开始谋求自身利益时，自由主义就成为人们的处世哲学；当人们同时意识到并承认他人也拥有这种与生俱来的权利时，平等主义就成为人们的处世哲学；当自由主义、平等主义同时成为所有人的处世哲学时，每个人的自由就成为一切人自由的必要条件，每个人的平等就成为一切人平等的充分条件，而尊严主义、幸福主义就随之成为人们的处世哲学，于是，每个人的尊严、幸福也就成为一切人富有尊严、幸福的充要条件。这就是迄今为止人类智慧能够达到的最高伦理境界和最大价值诉求。而能够体现这种最高伦理境界和最大价值诉求的处世哲学就是共生，全球化、信息化、生态化运动的出现，总体上也呈现为趋于共生。从价值取向上，将过去的平面线性展开，跃迁到立体网络互动，通过丰富或拉开个体、族群价值诉求差异、需求差异，建立丰富多彩的生命共生体、社会共生体，通过互联、互信、互助等方式的大协作，达到共生的效果与目的。由此可见，共生是法则、是关系、是智慧、是价值观、是行为理性。

钱宏还在《共生经济学》一书的第一版"跋"中说：有人说共字可怕，被共怕了，我认为共之所以可怕，不在于共，而在于共什么？是共结果，共过程，还是共一种天然的权利？共生落脚在过程、在于生，这是生命的生、生产的生、生活的生、生态的生，生机无限，重在生之智慧，无法投机取巧，但也不是遥不可及。因此钱宏强调指出，人类从来没有过不去的坎，从来不缺乏大智慧、大勇气、大慈悲，只是一时被豪夺巧取"权、钱、性"三个字的谋略性智慧蒙蔽了心灵及双眼，从而陷入"忙、盲、茫"境地，只要越来越多的当代人觉醒，从自己"去蔽"开始，共生原德的大智慧、大勇气、大格局就必将会显现出来。钱宏认为，公民共生体的重心，在于发挥公民与社会的两大自组织力，强调公民、社会、政府三大自组织力相互作用，强调尊重每一个个体生命对于人类生产、生活、生态的价值，强调公民共生体作为国家的基本组织形态。用共生价值观导航，回归身心灵，自然、自由、自在地休养生息，是我们的出发点和终极目标。

习近平同志曾经在清华大学举办的世界和平大会上说过："谋求自己过得好，也必须让别人过得好！"这就是我们这个时代需要的灵魂，这个灵魂的哲学表达，就是两个字：共生。从思维方式上看，共生思想超越了传统观念中"道不同不相为谋"的封闭狭隘局限，提倡道不同亦相为谋。共生思想是对人类哲学伦理观、价值观、世界观上的突破与整合。

基于融合：跨界而来，重在融合

跨界，并非为跨界而跨界，跨界基于融合，是为了在融合中求发展。跨界带来的应该是整合与重塑，当两个或两个以上行业进行了融合之后，将会打破原有格局，形成新的格局，世界正是在这些变化中逐渐变得不一样。

◈跨界融合创新案例展示

我们说跨界重在融合，而融合需要创新，那如何创新呢？现实中，那些勇于跨界并获得成功的企业，给我们提供了很好的范例。这里展示几个跨界融合创新案例，看看它们是如何通过创新来把握未来、引领时代的。案例后面的点评，则有助于理解如何创新。

案例一："边看边买"的观剧新风尚

2015 年 1 月，在东方卫视开年大戏《何以笙箫默》中，电视机旁的观众不仅能看到明星的精彩演出，还可以拿出手机，在天猫上买到明星身上的华丽服饰，实现"边看边买"。优酷也宣布和阿里巴巴合作推出了一个产品叫"边看边买"，在视频内容中直观地呈现出购物通道，用户观看视频时把出现的商品放到购物车里，等到整个视频内容看完以后，网站会提醒已将你想购买的商品放入购物车。

这种"边看边买"的模式也被业内人士称为 F2O，即 Focus to Online，依托时下剧集热点，借助视频的影响力，电商迅速推出剧中同款，能够有效地满足剧集大热而带来的瞬间激增消费需求，短时间制造话题，成功打造爆款。有专家建议，如果能够把商品信息很好地结合在视频内容中，能产生的收入和购买流量将相当巨大，形成崭新的商业模式。

案例二：房地产行业的颠覆与重生

未来的办公室可以只租一个星期、一个月，你可以只租一张办公桌、一间办公室。全部的办公出租都在手机上完成，从手机预约到付款。只需要带上手机和电脑，就可以开始办公。这个场景即将出现在北京和上海的 SOHO 中国写字楼，SOHO 中国董事长潘石屹把这个产品命名为 SOHO3Q。传统房地产大佬主动拥抱移动时代，互联网巨头们自然不能闲着，例如，小米投资6000 万元大举进军家居业，号称"699 元/平方米，20 天完工，手机监工，不用去工地，有需要的话，设计师上门服务"。

近年来，房地产行业和互联网公司跨界融合，可谓动作频频，为有着无限商机的地产家居领域带来了新的发展契机。移动互联网的浪潮席卷而来，房地产行业也无法"独善其身"，与其拒绝改变，不如因势利导，凤凰涅槃。

案例三：舞蹈·戏剧·话剧的跨界融合

北京舞蹈学院为搭建对外交流实践平台，开拓师生眼界，由教学实践中心精心策划的"新锐季"青年艺术人才北京舞蹈学院独立展演系列活动，于2016 年 8 月 16 ~ 17 日，在国家大剧院小剧场登台，以舞蹈、话剧和戏曲的跨界形式上演取材于曹禺剧作《雷雨》的作品《yào》，将观众带入深沉的思考。

在艺术形式上，《yào》将舞蹈、话剧和戏曲三种艺术门类的四名演员跨界融合，让不同艺术形式在舞台上"对话"，是艺术与艺术的对话，是时空与时空的对话，也是灵魂与灵魂的对话。在内容上，《yào》源于《雷雨》却并非《雷雨》的重读，而是将人物从原作中抽离和重新解构，说周繁漪在《雷雨》中没有说出的内心独白，也是借周繁漪之口说编者的话。当这个女人端着药碗在舞台中央喃喃自语，或者癫狂或者崩溃，无须太多阐释，几乎每一个观众都能轻而易举地想起她的名字——周繁漪。她从《雷雨》中走出，又超脱于原作。

案例四："VR 游戏中插"开创跨界融合全新合作模式

2017 年 6 月 8 日，"世界大会：相信 VR 内容的力量——2017iVR＋全球虚拟现实大会"在京举办，现场群英闪耀、大咖云集。本次大会中，新养道与《鬼吹灯之牧野诡事》同版 VR 游戏独家合作，强强联合、协同共赢，合作主要以内容植入为主，并首创"VR 游戏中插"商业合作模式，在全球 VR 行业属首例，各路参会精英共同见证了这场重量级合作。

VR 可以打破时空限制，带来身临其境、无与伦比的交互体验方式，从而让 VR 营销逐渐成为各行各业龙头品牌的首选合作方式，与用户进行深度交流。爱奇艺作为率先开展 VR 合作的视频网站，以自有 IP 优势，实现了大量用户的原始积累。重点投入 VR 影视、VR 游戏的内容自制，以多元化商业模式实现 VR 共荣。

从上面这些案例中，我们不难得出这样的结论：思维跨界融合创新，其实就是反传统、反经验、反做法的逆向思维方式，把表面似乎无关的东西用未来的需求、内在逻辑和服务方式，创造出一种新的商业模式。在别人还看不清的时候，你已勾勒出比别人想象中更美好的蓝图。如果你是一位跨界领导者，相信也会认可这个结论。

◈产业跨界融合的趋势与实证

产业升级最明显的体现是产业投资的跨界和产业运营的融合，产业之间的边界越来越模糊。中国产业的跨界融合是未来的方向和趋势，对此，申银万国研究所首席经济学家杨成长的观点具有一定的代表性和前瞻性，他认为有五大趋势，我们不妨一起来看看。

一是服务业与制造业融合发展。服务业占比快速上升，服务业与制造业之间开始融合。一方面，服务业开始制造业化。近年来服务业中推出了一系列的金融产品、旅游产品、医疗服务产品等，将各种服务模式标准化，并加以复制和推广，"产品"已经成了服务业的时髦名词。另一方面，制造业也开始服务业化。制造业开始从以产品为中心向服务端延伸，制造和服务一体化，全面提升产品附加值。

二是金融投资与实业投资融合。金融投资是建立在产业发展基础上的，是为产业发展服务的，如果没有了产业基础，金融本身也就不会有任何价值。所以，金融和产业的深度融合是必然趋势。比如光伏企业与金融企业联手启动的光伏互联网金融战略项目，借助众筹模式，让光伏电站投资走向社会大众。这是实体经济与金融的融合，也是传统制造业与互联网工具的融合。至于金融投资渗透到实体经济领域的案例就更多了。

三是互联网与传统产业的跨界融合正在加速。一方面，传统企业积极用互联网思维武装自己，加速与互联网融合。典型的如传统商贸、商超、零售企业纷纷向互联网转型，推动了我国网购市场高速发展。另一方面，随着大数据、云计算、移动互联网的发展，互联网与传统经济的融合正在加速，云计算以超强的存储和计算能力，大数据以快速准确的挖掘能力，联袂向生产、消费领域的广度和深度渗透，促使生产、消费、服务和流通一体化。

四是技术革命引领行业融合。制造、电子、仪器仪表、材料和动力等领域都在产生重大创新，引领着工业领域内各行业的融合和革命。制造领域内已经出现了3D打印等新的制造模式，电子领域出现了以移动互联网为核心的一系列技术革命，仪器仪表领域中诞生了遥感、传感、监测等新手段，材料领域中出现了大量新材料，动力领域有了新能源和新动力设备。这五大领域的创新融合，足以推动整个传统制造业的新一轮革命。

五是新的市场需求推动产业跨界。中国经济转型和大国崛起中产生的一系列新的重大市场需求，正在推动着一系列产业加速跨界和融合。军工产业就具有这种特征。军工产业设备及基础设施建设促进了社会投资，军工民品、军民融合、军工技术转移推动了民用技术的进步，例如，我国研发的北斗导航系统，将推动智慧城市建设，在智慧物流、智能家居、物联网、车联网等领域为人们的生活提供便捷与便利。

杨成长指出，随着社会的发展和科技的进步，各个产业单打独斗已经难以满足新兴市场需求。而产业间的跨界融合将会与新的重大需求相辅相成，相互促进，共生发展。

行于共享：资源共享，创新经营

资源是未来企业的超级马达，谁能够安装上这样的马达，谁就能够在新商业环境下快速地发展壮大起来。跨界之后进行资源共享，才能实现最后的共赢。事实上，只要是共享的资源，就必然是跨界的，既然是跨界的，那也必然是大家共享的，不能也不应该为哪一方独有。为了便于共享，首先要进行资源配置，除了把闲置的资源配置好、应用好之外，还要去开发和挖掘新的资源；其次要从市场的角度创新共享模式，帮助大家形成新的商业模式。

◈智能家居跨界资源整合模式

要实现资源共享，必须建立跨界共享机制，使资源得到有效的利用和开发。在这方面，现实中有很多成功的例子可以借鉴，下面我们来看看智能家居跨界资源整合模式。看透这些案例所运用的模式原理，将其运用到自己的实践当中去，可以使业绩倍增，而且客源不断。

先来盘点一下智能家居的合作模式：

一是手机运营商智能家居，产品流量入口互助。

智能家居的关键是互联互通，其中通信协议发挥着重要的作用。在这方面，华为、苹果、格力、小米都是典型的例子。

华为的战略是以连接为核心，实现家电间的"通话"，比如华为与海尔在智能路由与模块、移动智能终端与家电互动、云平台对接与数据共享、通信互联的标准与协议、渠道及市场推广、品牌建设等方面形成全方位的合作关系。

苹果在智能家居行业的布局非常明了，虽然自己不做智能家居产品，却收购技术公司和授权第三方厂商生产符合苹果兼容和安全标准的设备，依靠移动用户数量，吸引更多的智能家居厂商加入 HomeKit 平台，之后所有商家都要按照苹果智能家居平台规则来设计产品，把"话语权"牢牢掌握在手里。

目前手机厂商对于智能家居的布局主要有两种模式：一种是以魅族 Life-Kit 作为开放的智能硬件平台的模式，需要更多重量级的合作伙伴，牵手同城的家电巨头格力也是合情合理。另一种是小米的"帝国"模式，斥资收购生态链的厂家，打造联结的生态圈。在目前智能家居环境中，手机是最有可能充当智能控制终端的角色之一，做手机是企业布局智能家居的初步入口。2016年5月24日，据魅族LifeKit微博透露，魅族已经将其样板房全盘转移至格力旗下的商业地产格力海岸。2014年小米路由器正式发布。小米路由器定位于智能家庭的入口。据悉，小米路由器立项之初，就规划好了四个定位：最好的路由器、家庭数据中心、智能家庭中心以及开放平台。2016年，小米为了更好地集中力量以及进行资源管理，推出小米生态链全新品牌——米家，该品牌与小米手机独立运作。

二是传统制造业智能家居，线上线下渠道互补。

海尔推出了U+智慧生态圈，这是行业内最先启动的智能生态平台，引领了智能家居空间的升级，为消费者构建了一个智慧生活的系统，将家中的全套家电以及服务应用等内容全部囊括其中，并且邀请了许多企业加入U+智能系统，向合作伙伴开放用户资源、产品资源、技术能力，目前跟谷歌、苹果HomeKit、阿里云、华为、Alljoyn等协议互通。U+智能系统将美好的未来愿景拉近到现实，令消费者触手可及。值得一提的是，苹果的HomeKit协议的作用是让iOS平台和家居设备能够相互"握手"，但"认识"之后，想要继续控制灯、空调等设备，仍然需要家电厂商在HomeKit的基础上进行二次开发，在二次开发层面，海尔的U+智慧生活平台正好可以帮助苹果解决这一技术难题，现在海尔已经是苹果HomeKit唯一的大型企业合作伙伴。

美的在2014年举办了M–Smart智慧家居战略发布会，并公布了美的在智慧家居领域的战略构想和行动规划，美的集团依托物联网、云计算等先进技术，将从一家传统家电制造商，转变为一家智慧家居创造商。2014年12月，美的向小米抛出"橄榄枝"，以此植入互联网的基因。其战略合作内容包括：智能家居产业链全面协同发展、移动互联网电商业务全面合作、智能家居生态链、移动互联网创新的战略合作。

三是能源领域智能家居，打造硬技术控制平台。

松下发布了其智能家居创新技术"Ora"，可通过一个平台将照明、供暖、摄像头、运动传感器和各种智能电器集成，实现对个性化家居体验的管理。借助 Ora 系统，用户便可以通过一个设备全局掌控家中日益增加的智能设备和应用。此外，松下还将与 Xcel 能源公司在 Ora 技术和智能家居领域建立合作，通过对客户用电习惯、偏好和生活方式的综合分析，帮助客户节能，并做出更加合理的用电决策。

谷歌于 2014 年 1 月正式宣布以 32 亿美元收购智能家居公司 Nest。Nest 实际上是能源管理的终端和云平台，有 20 多家能源企业都借助云 Nest 提供能源服务。谷歌收购 Nest 给谷歌带来一个进军智能家居新市场的跳板，而 Nest 方面也希望拓宽更广阔的市场，两者加在一起可以说是对资源的整合与共享。

四是房地产智能家居，增附加值，减成本负担。

一些企业跨界搞房地产，其实是瞄准了背后的智能家居市场。360 从最大的"互联网安全公司"转变成为最大的"安全互联网公司"，助力智能家居市场全产业链条更快更好地发展。360 已经和华远地产发布了战略合作，360 董事长周鸿祎在谈到两者在智能家居领域的战略合作时曾解释说："这能够利用开发商的资金实力补贴智能家居产品的硬件成本。"

紫光物联于 2016 年与万科、阿里智能构建了全屋智能家居系统，这套全屋智能系统是以理解人和环境为驱动的个性化智能产品和系统。全屋整体联动的奇妙之处是以大数据为基础让智能家居系统为用户提供贴心的服务。全屋智能系统的建立，证明智能家居离全面落地各用户家庭的目标已经越来近了。

其实，上述智能家居跨界资源整合模式的关键是找到理想的合作伙伴。在合伙人时代里，合作伙伴就好比吃饭离不开筷子等工具一样重要，企业的强强联合往往能成为制胜法宝。不少专家认为，面对智能家居这片蓝海，"根据什么条件筛选合作伙伴"是企业要深思熟虑的一件事。现实中，很多企业巨头们在这方面起着带头作用，也做出了一些示范。

通过合作，可以取长补短。小米通过投资和合作的形式不断扩充其他产品线，逐步形成小米系智能家居阵营。在合作伙伴的选择上，小米与急于触网的传统家电厂商之间有很大合作的可能，美的作为传统家电巨头，迫切需要完善用户营销、用户互动等软实力，恰好小米都擅长这些。事实上，美的对小米的网络直销一直很是羡慕，垂涎欲滴；而美的是一家拥有众多类型家电，做得还比较成功的中质量、低价格的品牌厂家，小米希望能借助美的扩大自己的战果。不得不承认，美的微波炉、电饭煲、风扇、空调等产品做得还是比较好的；而小米的网络直销也是相当可以的。于是，水到渠成的一幕出现了：2014 年 12 月 12 日，小米以 12.66 亿元入股美的，宣布与美的达成战略合作，共同推进智能家居生态平台发展。

通过合作，能够为自身注入新活力。三星在业务面临下滑之际，收购了智能家居平台 SmartThings，目的是将自家资源与后者的平台整合，推动智能家居领域的创新。三星不太擅长软件应用的开发和管理，而顺利拿下 SmartThings 能将对方创新力和开发者的价值与三星自己所拥有的品牌和大量资源相结合，这能够帮助三星成为智能家居领域的有力竞争者。

通过合作，能够带来众多利好资源。华为 OpenLife 携手运营商伙伴，联手共享全球 170 个国家和地区、240 家运营商、12 亿家庭用户、1 亿个家庭网关资源，并希望借助自身的通信能力和运营商优势，打通智能硬件落地的最后一道关。由华为发起的 OpenLife 智慧家庭商业发展计划立足于电信运营商家庭宽带市场，汇聚应用内容开发商、个人开发者、智能硬件厂商、解决方案集成服务商和运营商等智慧家庭端到端产业链商业伙伴，统一行业规范，为消费者日常生活提供各类实用、便捷、丰富多彩的智慧家庭服务。

总的来说，在这个市场快速变化的新时代，没有哪一个人敢说某种商业模式肯定会成功或失败。在刀光剑影的商业市场里，谁先实践，谁就拥有了先机。可以预见未来在智能家居领域会出现更多"闯入者"和不同的合作模式，但可以肯定的是，只有建立在自身实力上的合作模式战略，才能最大限度地发挥企业优势和获取最大利益。最好的模式不会存在，但最适合的模式仍在路上。

◈资源共享与价值共享的条件

跨界资源整合模式的运作，实际上是资源共享与价值共享，而资源共享与价值共享是需要条件的，具体来说，需要的是具备独特的基本元素、网络平台和文化基础，三者合在一起才能形成价值共享运作机制，实现资源共享与价值共享。

资源共享与价值共享的基本元素包括出租者、租借者、第三方及其提供的网络信息平台、标的物、相关媒体、政府监管者等。交易主体可能是个体，也可能是企业或组织机构，他们是出租者和租借者，是交易方。交易主体中的个体层面以受过一定教育的、安全感较强的网络用户群体为主，并且年轻人居多，因为他们对网络平台的信息了解得比较充分，也较为信任这些信息。

网站是资源共享和价值共享不可或缺的支撑性平台，主要在于提供租借媒介，而非买卖，这一点集中体现了共享经济"使用而非占有"的特征。处于第三方的共享网站性质上属于中介枢纽，可以提供服务、智能手机、社交、在线支付等信息技术，正因为如此，网站有责任和义务规定交易规则、对参与者的背景进行审查、发布供需信息、发挥协调功能。一个合格的网站，能够降低参与者之间的交易成本，使得共享比以往更加便宜、更加便捷，也使分散的交易具备了形成更大规模的可能性。网站提供的共享方式有很多，例如，网站信息平台为供求双方提供结对机会，可以直接将供需双方连接起来；带有 GPS 定位功能的智能手机可以让需求者了解供给方提供的信息乃至具体的物貌；社交网络平台可以提供查看他人并建立信任的途径；在线支付系统可以解决资金交付的繁杂事务。共享方式除了借助网络平台进行点对点的交易和单一供给者的规模化出租外，还可以采用俱乐部形式，即每个成员都提供一定的信息或捐献一份财物，从而使每个成员都可以共享全部集体信息和财物。

网络支持共享的基本特征是借助网络实现共享，任何一家网站都具有这个特征。通过公共网络平台，人们对某些数据采取的是一种终端访问的形式，比如对企业来说，在企业内部，员工不仅能访问企业内部数据，还可以将电脑、电话、网络平台全部连通，让办公更便捷；在企业外部，智能终端便携易用、性能越来越强大，让用户使用这些设备来处理工作的意愿越来越明显。例如，房屋出租网就架起了旅游人士和家有空房出租的房主的合作桥梁，用户可通过网络或手机应用程序，发布、搜索度假房屋租赁信息，并完成在线预订程序。

文化是共享的基础，这种文化主张的是分享、合作、互助。当然，任何文化的落地都需要具体措施，共享文化也是如此，为了实现共享，文化层面需要有一定的规则保障，这样才能使文化落地。规则的内容应该包括以下几个方面：第一，清晰界定共享范围，也就是哪些人被允许从共享中获得使用权，哪些人则无此权限。要想对资源及价值进行有效共享，就必须清晰地界定范围，否则参与共享者良莠不齐，不但影响共享效果，还有可能破坏这种共享秩序。第二，建立限制时间、地点、技术以及资源质量的使用权获取制度，同时建立一套有关劳动力、物资和资金数量的规则。共享经济的本质其实就是使用权和所有权的分离，弱化"拥有权"，强调"使用权"，因此制定使用权获取制度是非常必要的。至于"使用"的事项，应该包括劳动力、物资和资金数量等方面的具体规则。第三，建立违反规则制裁机制，但需防止过度惩罚，避免受罚者消极抵触。这一点主要是针对"违规者"的，没有制裁机制的规则都是无效的。第四，建立低成本、私下调解的快速应对机制。建立这种机制的目的是迅速解决发生在所有者之间以及所有者和管理者之间的冲突，使共享能够顺利而有效地进行下去。当然，上述规则都应该是合法的，需要受到相关政府部门的认可，这是规范文化落地行为的前提。

谋于未来：未来整合，先需谋划

从开发资源的意义上讲，跨界不应该是一次性的，而应该是连续的，是一个持续不断的过程。事实上，企业在第一次跨界之后，随着合作的深入，原有的资源将逐渐枯竭，因此，跨界领导者要有一双发现资源"蓝海"的慧眼，寻找新的机会，并及时谋划二次跨界，带领企业走向新的高度，引领合作伙伴开启新一轮合作。

连续跨界，每一次都应该是质变。我们通过下面的例子来证明。

◈孟醒玩跨界创业"根本停不下来"

孟醒是个连续创业家，是阿芙精油、河狸家、雕爷牛腩、三体空气净化、薛蟠烤串等品牌的创始人，是白手起家的实战派，他名片上的 9 个创业项目 LOGO 印满了名片的整整一面。从阿芙精油到雕爷牛腩再到美业 O2O，孟醒不断地玩"跨界"创业，任性得"根本停不下来"，几次创业的核心从来不曾改变。因此，他被坊间冠以"连续跨界创业高手"。只不过，对于大多数公众而言，他更习惯以雕爷的身份出现。

孟醒正式走进公众视线的身份是淘宝精油第一品牌阿芙精油的董事长、漂网董事长。2003 年，孟醒创立阿芙精油，其后的北京漂网成立于 2009 年 7 月，是一家化妆品电子商务公司，主要经营产品为阿芙精油，阿芙也是在被漂网代理后才真正被大家所熟知。除了在外界知名度较高的阿芙精油、雕爷牛腩外，他的创业项目还包括三体空气净化、餐饮品牌薛蟠烤串、皮娜鲍什下午茶，并且以投资人的身份"插手"到先锋戏剧界。

IDG 中国合伙人李丰说："雕爷是一个有战略意识、看到事物本质的人，但他愿意把自己表现得很好斗。"李丰此言非虚。"我确实会营销，这个我也不否认。"孟醒对媒体这样说，"但是不能因为我会营销就说我不注重产品品质。互联网营销牛人之类的称呼，这些别人爱说什么就说什么，在乎别人看法的这个时间点我也过了。"孟醒调侃自己："我初中辍学，在高中辍学的罗永浩面前，我充满了优越感。"但产品定位中产阶层的孟醒要表达的是我们不要甘于平庸。"这个世界是一个大的服务循环，我坚信为别人提供最好的服务是财富的来源。头等舱就是比经济舱舒服，因为可以躺着，我不是装，我腰间盘突出。"

作为一个连续创业者，孟醒认为包括阿芙精油、雕爷牛腩、薛蟠烤串等在内的一系列创业项目的内在逻辑是中产阶层女性的定位。"谁都接受低单价的项目，但咱们团队完全没灵感，所以只会做那些挑剔客人的生意，这些挑剔客人虽然难伺候，但能容忍较高价格呀。咱们连卖碗牛腩面都能卖得那么美、那么云雾缭绕有仪式感，难道还怕在指尖上画油画么？"

按照孟醒的表述，他的团队最擅长的就是做中产阶层女性的营销。而美甲刚好就是一个对品质有要求的但并不简单的力气活，是有审美在里面的。"我开个餐馆，东西好不好吃见仁见智。但是有谁说雕爷牛腩不好看的？一个都没有。如果雕爷牛腩不好看，你告诉我全中国哪家餐厅好看？卖好看这件事我们特别擅长。"

事实上，孟醒对于河狸家的定位也不仅仅是美甲，他的服务延展的思路是：女人相关；美丽相关；中高价位的、有较高技术含量的服务业。在成立阿芙之前，孟醒以佩蓝科技公司为主体，用"纳兰"这个品牌做美容院连锁加盟。"纳兰"是孟醒赚取的第一桶金，是初步实现财务自由的重要一步。"我很早就实现财务自由了"，按照孟醒的说法，几年前他经历过一段每天"无所事事"泡天涯、打游戏、听音乐的时光。"我当年打网游的时候，比工作可认真多了。"他说。

对于为什么要再度创业这个问题，不习惯用小米手机的孟醒总是习惯以雷军创办小米的经历来为自己的选择作注解："当这么伟大的机会到来的时候，输了我认，但我不得不做。"而他理解的伟大机会是智能手机普及和移动支付的实现使得移动互联网的市场已经成熟。"做阿芙精油是我的禀赋，对于化妆品，我营销的才能作用还是挺大的。做雕爷牛腩、薛蟠烤串等餐饮创业的时候，是我所谓的乐趣，研发新菜、吃是我喜欢做的事情。"孟醒这样告诉媒体记者。

总的来说，对于连续跨界创业，孟醒认为客观上是因为行业的改变，某些想法经常因为门外的"野蛮人"而改变，主观上还是有很多想法、很多梦想的驱动，"朝着梦想出发，去行动，因为天助自助者，每一个肯行动、勤奋的人，老天爷都会多照顾他一点点。"

◈祖海连续跨界不想停

祖海是中国青年女歌唱家，国家一级演员。她当主持人、唱流行歌、跳热舞，跨界行为不断。对于自己的尝试，她表示并非是想要改变，只不过是想要尝试更多艺术形式，未来还将会继续努力。对于祖海频频尝试新领域的行为，不少网友也开玩笑表示祖海会不会对"跨界"上瘾，甚至还有网友期待祖海能够跨界到影视剧中一展身手。对于网友们的呼声，祖海表示，一切皆有可能。

在山东卫视《中国面孔》节目中，祖海先后演唱《刀马旦》《玫瑰玫瑰我爱你》两首流行歌曲，既尝试了欢快节奏的歌曲，又演绎了怀旧爱情金曲。此前，祖海多以民族唱法演唱歌曲，此番全新尝试通俗唱法，多种舞台风格让许多观众大开眼界。对于祖海的流行歌曲秀，观众们也各持观点，有网友直言表示祖海的改变非常惊艳，也有网友坦言更喜欢原来的祖海。祖海对网友对自己演唱的观点，表示不管是好的坏的，都会接受。不过在祖海看来，音乐的魅力不仅仅限于某种形式，她更希望通过更多的方式，来让人们一起感受音乐带来的享受。

不仅在唱歌上，祖海在其他方面也不断开始新动作。除了此前在央视《非常6+1》节目中客串主持人，献出主持人首秀外，在《中国面孔》中，祖海更是上演首次舞蹈秀，以边唱边跳的形式贡献出一段精彩演出。不少网友甚至好奇祖海接下来是否会尝试演戏，对此，祖海也开玩笑表示，有合适的剧本邀约，未必不会尝试，"一切皆有可能"。而这样一番充满无数可能性的言论也让人们期待不已。

无论是主持还是跳舞，对于一向以歌手身份出镜的祖海来说都是一次全新的尝试。不过，谈及跨界带来的挑战，祖海则用"很过瘾"来形容自己的心理状态，并表示非常享受这种在新领域的尝试和努力的过程。

◈孙陶然连续跨界创业获得成功

孙陶然是拉卡拉集团董事长兼总裁，20年间创办及联合创办了多家著名企业，包括《电脑时代周刊》、蓝色光标、恒基伟业、永业集团及拉卡拉，行业涉及媒体、公关、IT和金融等多个领域，每个企业都极具创意并且在本领域名列前茅。孙陶然还是畅销书《创业36条军规》的作者，被称为"创业帝"。

对于互联网时代的创业者，孙陶然认为，这是最好的时代，因为互联网赋予了我们将一切理想转化为现实的可能；这是智慧的时代，因为传统金融正在借助互联网开始呈几何级数般的增长；这是信仰的时代，因为那些成功的创业者已成为这个时代最为积极的"正能量"无限传播。也许，这就是孙陶然连续创业的原因所在。

互联网与传统金融的结合是一种奇妙的化学反应，也是一场跨界"旅行"，孙陶然也在这方面做出了有益的尝试。孙陶然于2005年创办拉卡拉，如今，拉卡拉已经成为了中国领先的综合性互联网金融公司，以支付为基础，以互联网为手段，为个人及企业提供电子支付、征信、小额信贷、理财、P2P 交易、电商等各类金融服务。拉卡拉集团是联想控股成员企业，是第一批获得央行颁发的全品类支付牌照企业之一。孙陶然认为，"互联网＋传统金融"的大幕虽然已经拉开，但人们对于它的了解要远远小于以往每次的互联网变革。探寻未知是最大的乐趣，找寻答案也是投资界的"使命"。事实上，在这个充满创业朝气的春天，互联网金融圈子里涌现出了一批像孙陶然一样的创业新锐。他们是金融翘楚抑或是技术极客，他们有着不惧一切的勇气，也有着包藏宇宙的气魄。他们是这个时代的颠覆者，也是这个时代的变革者。

史蒂夫·乔布斯曾经在多年前对计算机做了一个完美的比喻，他称电脑好比是"大脑的自行车，人类如果没有自行车就会成为相对低效的生物"。换句话说，苹果是工具制造商，所以苹果制造的自行车（即电脑）将可以让我们变得像秃鹰一样高效。互联网提供了巨大的连接能力，从这个角度出发，也许它不仅仅是乔布斯所说的"大脑的自行车"，而是整个经济的自行车。跨界的挑战在于把其他行业的价值逻辑和这辆自行车的运转逻辑有机地连接起来。在这一点上，没有点持久的好奇心，就很难看清楚互联网的运转逻辑，也很难在风云变幻中看清楚行业本质的价值逻辑。而孟醒、祖海、孙陶然等跨界成功的人都具备这样的素质、这样的定力，未来属于他们——连续跨界的创业者。

第八章 合纵连横

——无边界时代的捭阖之道

在复杂的发展环境之下，合作共赢共生已经成为了很多企业的共识。不过，合作就如同一种投资，从来都是机遇与风险并存。因此，企业在跨界之后，要积极采取合纵连横策略，加快自身发展。所谓合纵，即同业合作，注重跨界共生；所谓连横，即异业合作，注重跨界共赢。这就是无边界时代企业跨界的合纵连横捭阖之道。有能力的当"武林盟主"整合他人，没能力但有利用价值的被人整合，就看谁掌握合纵连横的奥妙。

看清互联、物联、智联大趋势

互联网是网络与网络之间所串联成的庞大网络，这些网络以一组通用的协议相连，形成逻辑上的单一巨大国际网络。物联网是互联网和通信网（交换设备、传输设备）的拓展应用和网络延伸，是智能技术与智能端对物理世界的感知、识别，网络传输互联，进行计算处理和知识挖掘，实现人与物、物与物的信息交互和无缝链接，达到对物理世界实时控制、精确管理和科学决策的目的。智联网是由各种智能体，通过互联网形成的一个巨大网络。

从上面的定义可以看出，互联网是物联网的基础，而智联网是在物联网的基础上，进一步通过智联网来创造更多的价值，让物联网产生更大的效益，以面对未来的发展大趋势。

◈物联网和互联网究竟是什么关系

很多人对于物联网和互联网之间的关系存在疑惑。互联网和物联网，两者就差一个字，它们之间究竟是什么关系呢？

首先，物联网是物的联网，互联网是人的联网。家里的抽水马桶到了某个水位，它就停止不再抽水了；屋里的温度到了某一摄氏度，空调就不再制热或制冷了；洗衣机的洗涤时间到了，它就自然停止了；闹钟到了预设的时间，它就开始响……这些都是最简单的物联网。而我们平时上网，聊微信、发邮件、视频聊天等，都是人与人之间在交流，这就是互联网。

其次，互联网是物联网的基础，物联网是互联网的延伸。互联网已成为人与人沟通交流、传递信息的纽带，那么人和物、物和物之间是不是也能有这样一种对话工具并且反映真实的物理世界呢？于是，在互联网的基础上，物联网应运而生。它的提出和使用让人与物、物与物之间的有效通信变为可能。作为互联网的延伸，物联网利用通信技术把传感器、控制器、机器、人员和物等通过新的方式联在一起，实现人与物、物与物的相连，而它对于信息端的云计算和实体端的相关传感设备的需求，使得产业内的联合成为未来的必然趋势，也为实际应用的领域打开无限可能。所以，物联网是一种建立在互联网上的泛在网络。

物联网因为其"连接一切"的特点（"连接一切"是马化腾在2013年的WE大会上提出来的未来第一路标），使它具有了互联网所没有的很多新特性。比如，互联网连接了所有的人和信息内容，提供标准化服务，而物联网则要考虑各种各样的硬件融合，多种场景的应用，人们的习惯差异等问题。相对于互联网，物联网需要更有深度的内容和服务，以及更加差异化的应用，也将更加的人性化，这也符合人们不断追求更好的服务体验的心理，这是亘古不变的。

最后，互联网和物联网相互促进，共同造福人类。互联网和物联网的这种结合，将会带来许多意想不到的有益结果，最终实现整个生态系统高度的智能特性和智慧地球的美好愿景。在家里，互联网和物联网的结合让智能家居得以实现，无论你身在何方，只要一部手机，就可以随时管理家里的任何电器；在路上，互联网和物联网的结合让无人驾驶成为现实，你可以收发邮件，打电话，汽车会自动告知你何时到达；在办公室，互联网和物联网的结合再也不受地域和时间的限制，可以随时随地进行电话会议；咖啡机会告诉你咖啡豆快没了；冰箱会告诉你，牛奶和饮料快没了……因此也可以这样断言，未来所有的公司都是物联网企业。这种企业享受着物联网的各种便利，利用物联网工具和技术，生产物联网产品，为人们提供物联网服务。

◈全球互联网及物联网八大发展趋势

随着互联网的迅速发展，未来全球连接装置数量将大大增加，人均拥有的智能连接装置也将增多。与此同时，安全问题、新的芯片、统一通信标准、生态圈的发展、人工智能的云分布、制造商认证、移动端、制造商应用将成为人们关注的焦点。而这八个方面也是全球互联网及物联网的未来发展趋势。

一是网络安全问题越发凸显。网络安全问题主要表现在计算机病毒、黑客、网络陷阱这几个方面。由于各国围绕互联网关键资源和网络空间国际规则的角逐日益激烈，工业控制系统、智能技术应用、云计算、移动支付领域面临的网络安全风险进一步加大，黑客组织和网络恐怖组织等非国家行为体发起的网络安全攻击将持续增加，影响力和破坏性显著增强。

例如，采用一种或多种传播手段，让大量主机感染病毒的僵尸网络的攻击，可以导致整个基础信息网络或者重要应用系统瘫痪，也可以导致大量机密或个人隐私泄露，还可以用来从事网络欺诈等其他违法犯罪活动。2017年初的一次僵尸网络的攻击，曾经使全球的一些主要网站出现问题，物联网装置面临危险，诸如不安全的路由器、IP照相机器人DDoS受到攻击等。又如，自2017年5月12日起在全球大范围内爆发的勒索病毒"WannaCry"对我国互联网构成了严重安全威胁。中央网信办网络安全协调局负责人提醒广大用户，避免勒索病毒攻击最有效的应对措施是安装安全防护软件，及时升级操作系统和各种应用的安全补丁。

随着物联网市场竞争的加剧，企业竞相推出各种连接产品，很少关注网络安全问题，导致发展的碎片化，很难实现对装置的保护。但可以看到，一些大企业已开始开发面向物联网市场的新安全解决方案，如思科和 Symantec 等。

二是新的物联网芯片。物联网芯片是某种包含许许多多不同应用的全面应用载体。万物互联的 5G 时代，孕育着一个史无前例的巨大市场，每一个连接的背后，都藏着一颗或几颗物联网芯片。物联网芯片正成为超过 PC、手机芯片领域的未来最大芯片市场，数百亿级的蓝海，吸引着产业巨头们鱼贯而入，研发、收购、兼并、联盟、专利等角逐依次展开，他们似乎正准备导演一场似曾相识的赢者通吃的游戏。

在过去的 2015～2016 年，英特尔已经不再依赖高能耗的 PC 和数据中心芯片，而是引入了低能耗的模块，如 Edison 和 Curie。2015 年，高通收购了物联网芯片制造商 CSR，还计划收购汽车芯片制造商 NXP 半导体。2017 年，英特尔、高通和其他芯片制造商的竞争升温，重点是新芯片的推出和大的收购举措。

"5G" 是一个科技界比较热的关键词，以华为、中兴为代表的中国厂商也在 5G 领域取得了不错的成绩。早在 2014 年，华为就开始了相关技术的研究，同年 9 月，华为还以 2500 万美元收购了英国物联网研究机构 Neul。随后在 2015 年，华为、高通和 Neul 联合提出了 NB - CIoT。2016 年 4 月，在伦敦 M2M 大会上，华为展示了 NB - IoT（窄带蜂窝物联网）战略以及 IoT 应用和智慧城市领域的创新成果，并且还宣布与沃达丰在英国纽伯里共同成立了沃达丰 NB - IoT 开放实验室。同时华为还与沃达丰和 u - blox 完成预标准 NB - IoT 应用的商用测试，三方成功地将 NB - IoT 技术融入沃达丰西班牙现有的移动网络中，从而实现远程抄表业务。通过这一过程我们不难看出，华为成功地参与到了 NB－IoT 标准的制定当中，并且在 NB－IoT 技术上已经占据领先地位。

除了华为之外，中兴通讯在 NB－IoT 上的进展也非常喜人。2016 年 6 月，中兴通讯联合中国移动打通基站到 NB－IoT 终端的信令流程，并且在 GSMA 上海展上进行了展出；2016 年 9 月中兴通讯发布了 NB－IoT 原型芯片，并在北京国际通信展上进行了展出；2017 年 1 月，中兴通讯 AnyLink 物联网平台在全球 NB－IoT 实验局中首战告捷，中国电信旗下广东电信联合中兴通讯实现 NB－IoT 水表端到端试验环境对通。此外，中兴通讯还在 2017 年上半年正式发布 NB－IoT 商用芯片 Wisefone7100。

三是统一通信标准。这方面是人们的一个期待，也是全球互联网及物联网的未来发展趋势之一。

在最近两年中，高通和英特尔将其领地扩展到物联网装置领域，以应对通信平台的升级。英特尔引领了一个财团公司——开放互联网财团。高通则成立了 AllSeen 联盟。两家各自使用自己的标准，这使物联网装置制造商和消费者很头痛，因为必须要应对两个不同的标准。如果标准统一要等待很长时间，将对物联网碎片化、安全性改善等带来负面影响。目前，两家已建立了团队，创建了新的开放连接基金（Open Connectivity Foundation，OCF），以建立物联网通信的统一标准。

四是生态圈的发展。商业生态圈由一组竞合关系的商业实体组成，这些商业实体通过创新共同构建一条新价值链，由此而创造一个新市场。

现实中，许多物联网厂商及科技企业都横跨多个行业进行生态圈建设。以科技企业为例，谷歌、亚马逊、福特、三星等，都想接入其用户连接装置，打造自己的生态圈。谷歌家庭和鸟巢装置的目标是实现家庭自动化，并使其成为更方便的枢纽。亚马逊完成了其 Echo/Alexa/Dash 生态圈与智能辅助设施的连接，可自动完成耗材的重新库存记录。福特公司的车联网与 Alexa 生态圈结合。三星开始销售其 SmartThings 家庭自动装置。这些巨头围绕生态圈的竞争日益加剧，这将有利于生态圈的成长和发展。

五是人工智能的云分布。人工智能的大趋势已经非常清晰了，但是需要基于计算和数据。云计算与大数据这两个分不开的应用方向近两年早已不是陌生的词汇，并被全行业所熟识。人工智能和机器学习云业务被运营商用来提供各种特性的物联网装置，比如小的突发流量、密集连接集、长距离对新的无线连接需求（LoRaWAN、Sigfox 或 3GPP）的窄带物联网。对于物联网决策制定者来说，将有超过 20 种无线连接选择和协议需要评价。总的来说，跨边缘装置、路由和云业务的物联网软件的分布式架构，可使物联网解决方案助推现代微业务的发展。

六是制造商下一步关注的认证。制造商主要是物联网制造商，比如思科、IBM、微软等，物联网制造商将大规模投资低成本或无成本的培训和认证，以保持认证的水平。同时，行业将推动特殊认证。现在已经有不少物联网制造商与企业制造商联手认证具有物联网功能的产品，如罗克维尔自动公司正与思科在做这一工作。世界上最顶尖的科技公司包括谷歌、微软、亚马逊、IBM 等都不惜花费重金在物联网技术的应用与开发中投入巨资，积极布局各个市场细分领域，其产品有无人机、机器人、智能音响、全息眼镜等，这些产品都是具有物联网功能的产品。

七是物联网将同时收缩和丰富移动端。物联网就是让所有的东西都"连"起来，关键要有三件东西：感应处理终端，传输通道，控制处理平台。

这样就可以让本来没有生命的东西能"感应"并"处理"信息，通过传输的网络传送到指定的地点或人那里，同时还可以进行控制和指挥。

现在越来越多的移动活动与连接装置相关，从智能设备收看到家庭应用、汽车和虚拟支持。这些连接装置将提供丰富的数据流，包括服务和产品所有者与消费者之间的互动。例如，要想知道自己的孩子在幼儿园里是否开心，可以打开手机，点击一款叫作"宝宝在线"的 APP 应用，孩子的一颦一笑尽收眼底。新的方式将促使消费者对物联网产品的替代速度加快。

八是制造商应用将发生变化。中继器是连接网络线路的一种装置，常用于两个网络节点之间物理信号的双向转发工作，来扩大网络传输的距离，它适用于完全相同的两类网络的互联。各类企业包括互联网提供商如康卡斯特公司、安全报警公司等将采用网络中继器，让消费者实现整个家庭的互联。

从长远看，诸如中继器这样的物联网分析工具和应用将从初创企业转向企业应用和特性方面。产品设计、营销、销售、用户支持团队将使用物联网观察，改善用户体验、提供产品和服务、改变用户的参与度。

◈ 从传化智联的智慧物流看万物智联时代的到来

传化智联全名为传化智联股份有限公司成立于 2001 年，是传化集团旗下的上市子公司，总部位于杭州。在传化智联看来，物流业是大数据的重要生产者，是典型的数据驱动行业。因此，传化智联大力发展物流大数据，提供传化网系统供应链服务，推动制造业升级，助力国家经济转型发展。

大数据技术对海量用户进行画像分析，为每个用户提供"最智能的服务"；基于来自货车、司机等方面的数据，分析出与货物匹配的运力，在最短时间内将订单派给"最合适的司机"；依托大数据，为货车司机精准提供加油、停车、餐饮、住宿、信贷等服务，构建线上线下一体化的服务新场景，催生新的商业模式，创造社会新价值……作为国内公路物流领域的领先企业，传化智联走出了一条"从万物互联到万物智联"的物流新路。从下面的几个例子中我们可以明显感受到这一点。

四川威玻新材料公司是国内一家实力雄厚的复合材料制造商，通过传化网系统供应链服务，降低物流成本15%，一年省下2500多万元。在与传化智联合作前，威玻公司旗下的十多个子公司分别与不同物流企业对接，业务散，运输整合能力弱，导致管理和运输成本高。2015年以来，传化智联整合平台内的物流企业、运力、仓储资源，为其提供"一揽子"服务。威玻公司的原材料通过传化易货嘀调度城市运力到工厂，产品出来后又通过传化陆鲸对比运价，调度性价比最高的长途运力将产品运到下游商家所在的城市。到了浙江、上海等主要销售区域，所有货物可以先统一运到当地传化公路港的仓库，然后再用易货嘀完成高效的分拨配送。全程"一单到底"，各个节点都可以在线上跟踪。此外，传化智联还为威玻公司提供保理和融资租赁服务，解决了企业付款周期长、物流企业垫资压力大等问题。整个过程中，司机找到了货源，物流企业做大了业务，威玻公司降低了物流成本，传化智联则做强了生产性服务业。

杭州油脂化工有限公司通过传化"智慧物流"平台，在线上完成货物下单，5分钟内公路港迅速接单，根据货物的类型迅速匹配合适的车辆，实现从杭州油脂化工到全国各地物资需求方的全程一站式发货，一单到底、一路可视。

遵义年产40万吨左右的辣椒，通过传化物流网络运到贵阳，较传统方式每吨可节约物流成本50~100元。这样一来，40万吨辣椒每年能降低运费

2000 万～4000 万元。这些成果的取得，都离不开大数据的运用。

事实上，类似上述的故事随时都在传化智联的事业版图中上演。

除了发展物流大数据，传化智联还致力于打造智能公路物流网络运营系统。传化智联的调查数据显示，目前，我国建设的各级公路总里程可环绕地球 100 圈，我国大约拥有 1500 万辆载货汽车、3000 多万名货车司机。基于共享经济理念，传化智联开发了服务于长途干线运输的陆鲸 APP 和服务于城市配送的易货嘀 APP。那么，陆鲸和易货嘀是如何利用大数据的呢？先来看陆鲸的做法。

陆鲸大力推动物流行业数据化的进程，并以大数据为核心驱动力，构建更多的服务新场景，提高物流整体效能。在授权的前提下，陆鲸平台不断积累货车司机、货车、货主、厂家的基础数据，依托大数据进行画像，为平台智能匹配提供可靠依据，并实现"司机找货"向"定制化获取"的场景转变。

陆鲸还通过对各参与主体在线发货、运输、支付交易等行为所产生的数据进行科学分析，为处在信用盲区的货车司机、小微企业、货主授信背书，搭建征信体系。如联合金融机构，向平台上有资金刚需的货代授信，解决其融资难、垫资多等"痛点"。

陆鲸聚焦"智能调度""车后服务""车队管理"三大业务，已成为传化网城际干线运力的线上调度指挥平台。以线下传化城市物流中心为基座，线上陆鲸平台为云台，传化智联加快线上线下融合步伐。在传化智联看来，物流业是大数据的重要生产者，是典型的数据驱动行业。

易货嘀公司的做法是，在同城配送领域用大数据技术对海量司机用户、企业用户进行画像分析，为每个用户提供"最智能的服务"；基于货车车长、车型、重量、体积以及司机服务能力等几十个数据，分析出与货物匹配的运力，在最短时间内将订单派给"最合适的司机"；根据派单司机与多个发货点的位置，通过历史运输路线的积累，规划出"最优线路"；对运输途中的车辆进行监控，将装卸货、超速报警等一系列运输关键数据实时记录在系统云端，确保运输过程安全、流畅，形成"最到位的监控"……基于大数据，易货嘀正在打造全国化的城市末端配送网络。

目前，传化智联依托陆鲸和易货嘀等产品，着力打造"智能公路物流网络运营系统"，已在全国90多个城市落地，为超过200万辆货车和货车司机、3万家以上的物流企业、20万家以上的货主企业提供服务，使得货车平均配货时间降低到9小时，企业综合物流成本降低40%以上。与此同时，传化智联还有效缓解了交通拥堵、环境污染，推动了城市治理优化，节约了土地资源，直接和间接带动15万人就业。

传化智联还成立了中国智能物流大数据（贵阳）中心。贵阳公路港是传化智联布局西部陆路的重要物流枢纽，将实现区域物流资源的高度集中和有效配置，提升区域物流综合实力，打造城市物流供应链系统，畅通城市物流运输体系，降低物流成本。贵阳公路港将与传化智联的线上系统紧密结合，建立一套以贵阳为中心并辐射周边地区的公路物流安全诚信体系、运力指挥调度体系，构建属于贵州的公路物流"大数据"平台，高效连接和调度全国物流资源，从而助推贵州生产制造业转型升级。其实早在2003年，传化智联就建立了全国首个公路港——杭州公路港，在全国首创"公路港物流服务平台"模式。目前，传化智联已在全国90多个城市布局公路港，为每一个城市配备城市物流中心，构建中国智能公路港物流网络运营系统。"作业在港、交易在线；信息在线、体验在港"的服务新场景，已成为传化智联发展物流行业的主流配置。传化智联提出，在未来，其构建的中国智能公路物流运营系统将致力于运力的高效调度，物资的快速有序流动，为中国人的幸福生活提供服务，产生更为巨大的经济、社会效益。

传化智联深耕物流领域十多年，依靠在行业内的深厚积淀，如今线上与线下业务全面开展，并且"动作"频频，直奔"行业领先"的目标而去。而总部在贵阳的货车帮，也已成长为一家"独角兽"企业，物流业务遍及全国，正在形成一个集物流、金融等多种业态为一体的产业生态圈。传化智联与货车帮的高层联合表示要成为一家技术驱动型数据公司，造福国人；货车帮誓言将永不停歇地创造数据价值、商业价值和国家价值。显而易见，传化智联与货车帮一方面在价值观、数据观、国家观等方面有着许多相似之处，另一方面也在战略点、发力点、运营点等方面有着诸多不同。

从传化智联的成功实践中我们能感受到：智能时代正扑面而来。智能时代的企业要获得发展，离不开信息技术搭建的"桥梁"，而新一代信息技术支持下的互联、物联、智联，更是每个企业未来的发展方向。

发现新的竞争点，就是发现新优势

企业新的竞争战略要求企业要用新的、更有效的方式来筹划企业，而新的战略主要是基于新的竞争点，发现新的竞争点就是发现新优势、新增长点，就可以制定出新的竞争战略。实践中，有很多企业在积极探索中发现了新的竞争点，并给自己带来的新的竞争优势和新的增长。

◈新竞争点带来的优势和增长

在家电行业，小家电利润最高。面对日益激烈的竞争，单纯比拼价格只会导致恶性循环，如何寻找新的竞争点、建立新的竞争优势，已经成为企业最重要的任务。美的和格兰仕在这方面挖掘自身优势，取得了很好的业绩。美的最大的动作就是开设专卖店、体验馆等。在产品方面，美的一款标价上万元的变频蒸立方微波炉，最高温度能达到 350 摄氏度，可以代替烤箱，它通过水蒸气烹饪，可以减少食品的油脂和盐分，降低肉类脂肪，另外还附有石窑烧烤等功能。又如，微波炉巨头格兰仕也在努力自建渠道，在一级城市开设生活馆，更加贴近消费者。为掀起微波炉消费旺季，格兰仕联合苏宁强势启动 2011 年第三届微波炉节，其具有"炖、烤、煮、蒸"的全能微波炉成为主角，向消费者展示了其强大的产品技术创新能力。价格方面也占据了优势。格兰仕的一款智能电蒸炉能保持食品原汁原味，普通型价格为 8000 多元，豪华型的价格更接近万元。这些价格翻番的小家电无一例外都增加了附加功能。

更有意义的是，服务因素在市场竞争中越来越被经营者所重视，成为各个行业继产品成本、质量、价格之后新的竞争焦点，服务方式、服务内容也更加多样化。以自动化领域为例，中国自动化领域在几年前最强劲的风莫过于"服务"，最直观的变化即各大主流自动化厂商纷纷布局服务市场：西门子成立西门子工业业务领域客户服务集团；ABB 每年一度的自动化大世界活动在 2012 年以"产业升级与服务"为主题，深耕服务市场，制定五年增长目标；霍尼韦尔、罗克韦尔自动化等企业先后成立业务独立的客户服务部分。这些举措的背后是服务部门定位的本质转变：从以成本为中心转向以利润为中心，服务不再仅仅是产品的售前、售后支持，而是成为具有价值的"产品"。于是，如何更好地开展服务就成为了自动化行业新的竞争点。从过去的"响应式服务"到现在的"主动式服务"，自动化厂商提供的服务种类在不断丰富，关注整个工厂的运行周期，维护、支持、优化、更新等多种多样、细致周到的服务体系已然形成，"全生命周期服务""全责绩效服务"等各种服务理念也应运而生。

新竞争点带来竞争优势的例子绝不限于家电行业及自动化领域，其他行业和领域也有同样的情况。

以移动互联网为例，宽带网络推动了网络游戏、在线视频的发展，而移动互联网则是不容错过的新竞争点，许多创业者试图将传统互联网搬到手机上，为争夺手机终端市场可谓费尽心思。网易有网易新闻、有道等，腾讯旗下的微信也颇受追捧，苹果更是在构建一个更大的云平台，百度、阿里巴巴、奇虎360等互联网巨头在软件上都纷纷扎堆宣布和手机硬件厂商合作推出自己的智能手机，智能手机的款式尺寸也是层出不穷，目标就是抢占移动互联网终端市场。虽然整体移动互联网的盈利模式尚不明确，但各巨头都在为进入这个新领域进行着不懈的努力和探索。

再以互联网企业中的网络大电影为例，它是指时长超过60分钟、故事结构完整、在移动互联网发行的电影。这个定义是由爱奇艺在2014年3月举行的首届网络大电影高峰论坛上提出的。网络大电影最早以微电影的形式出现，只能以广告分成的方式获得营收，但是这种模式收入很少，即使是一部过亿播放量的电影，收益最多也只有100万元左右，这并不足以抵消电影制作的成本。在爱奇艺提出网络大电影概念后将近一年，市场上对于网络大电影是否能够有市场还处于观望状态，直到《道士出山》系列播出后，很多人看到它赚了钱才进入这个市场，然后很快出现了大量的网络大电影和网络大电影的宣发公司。同时跟进的还有视频平台，各家也纷纷推出了自己的分账标准，还有保底和买断等其他方式。除了分账额度更高外，独播的网络大电影还能够获得网站更好的推荐和宣传。这些特例都显示着，网络大电影开始成为几大视频网站新的竞争点。而网络大电影的宣发平台，在这种形势下也有了挑选的余地。

◈跨界时代，新增长点就在"彼界"

跨界寻找新增长点已成为时下的一个浪潮，各行各业都在谋划跨界之路，寻找新的发展机遇。而那些已经成功跨界的企业已经在"彼界"尝到了甜头。不妨来看几个例子：

房地产告别黄金十年，面对利润增速下滑，开发商开始谋求多元化发展获利。从"＋互联网""＋保险""＋金融""＋养老"……越来越多的房企跳出过去单纯的"建房子卖房子"模式，与多种产业融合，通过跨界转型寻找新的利润增长点。比如说恒大，首先跨入了体育行业，取得了不错的成就，后来又跨界粮油产业、金融行业。布局"大金融"成为房企布局的关键一局。2015年11月，泛海控股以10.2亿元的价格收购了民安保险51%的股份。在成功收购民安保险后，加上先前的民生证券、民生信托，泛海控股的金融版图呈现出证券、信托、保险的"三驾马车"模式，其综合金融布局初步形成。其实绿地、万达等大牌企业早已纷纷涉入其中。绿地集团曾第一个表态，将顺应金融业改革和金融管制放松的市场导向，依托房地产主业优势，在细分领域提供具有核心竞争力的综合性金融服务。同时，通过投资并购，着力获取核心金融资产，建立起以保险为核心、拥有多种金融牌照的金融控股集团架构体系。从目前房企布局"大金融"的领域来看，银行、保险、券商、交易所、信托基金等各大金融领域均有所涉及，除了与金融业融合，物流、养老、旅游等"地产＋X产业"的模式也成为各大房企的新探索。

2017年3月下旬，广东松发陶瓷股份有限公司（以下简称"松发股份"）发布公告称，松发股份旗下的广东松发创赢产业基金管理合伙企业（有限合伙）受让明师教育121.50万股普通股股票。此前，被收购方明师教育曾转让50.2万股普通股股票至广东雪莱特企业管理合伙企业（有限合伙）。松发股份主要从事日用陶瓷的研发、设计、生产、销售及服务，而雪莱特则是主营节能灯及配套电子镇流器制造的一家灯具公司。被收购方的明师教育是一家专注于K12线下教育的教育机构，主要业务为课外辅导教育及教育咨询服务。不论是雪莱特还是松发股份，上述收购的一个共同点在于：工业企业跨界投资教育。收购明师教育股份的雪莱特企业合作伙伴和广东松发创赢，均为获得广州市工商行政管理局执照的产业基金。创办产业基金的背后，是广东松发创赢和雪莱特在进行新的投资布局。松发股份曾表示，对估值合理又符合公司发展战略规划的优质资产，公司将不排除通过投资、收购等方式进行布局，提升企业综合竞争实力和公司整体价值。此次收购明师教育之举，在不影响公司主营业务的情况下，会为广东松发创赢带来新的增长点。

◈ "十三五"规划中的信息：战略性新兴产业是未来的新增长点

"十三五"规划纲要（草案）将战略性新兴产业的范围由节能环保、新一代信息技术、生物、高端装备制造、新能源、新材料、新能源汽车七类调整为新一代信息技术产业创新、生物产业倍增、空间信息智能感知、储能与分布式能源、高端材料、新能源汽车六大领域实施战略性新兴产业发展行动。

这些都是战略性新兴产业未来的新增长点。

以高端材料为例，剑桥大学已经用石墨烯生产汽车电池，充一次电可以跑440公里，可以连续充电2000次。华为的石墨烯电池也取得重大进步。这些新材料都发展得很快，新材料是一个重要的新增长点。再以信息技术为例，腾讯公司的微信就是移动互联网的突破。这种创新带来了巨大的市场价值，所以移动互联网成为重点。此外，新能源汽车、智能机器人、节能环保等，未来都有很大的发展空间。

战略性新兴产业以重大技术突破和发展需求为基础，对经济社会全局和长远发展具有重大引领带动作用。事实上，经过近几年投入力度的加大和政策措施的扶持，尤其是"十三五"规划纲要（草案）对战略性新兴产业的调整，中国战略性新兴产业已经初步夯实了发展基础，开始形成新的核心竞争力。

组合资源，在各取所需中平衡利益

资源的开发和利用给各方利益相关者带来的现实利益是不言而喻的。但在跨界之后新的组合资源过程中，在各取所需中平衡利益才是关键。这就需要针对核心利益相关者构建博弈模型，为平衡利益相关者各方的利益、化解矛盾冲突提供保证。

◈在资源组合中平衡利益的案例

平衡利益是资源组合的关键，利益平衡就能让资源发挥出最大价值。下面这个例子就是一个很好的参照。

山西的农产品绿色优质，而且保健营养，潜在价值高，因此可以大力发展生态农业，带动山区农业发展精品农业。2013 年，山西省园艺植物脱毒快繁工程研究中心成立。这个研究中心是山西省农科院果树所（以下简称"果树所"）联合山西农业大学、山西巨鑫伟业农业科技开发有限公司共同组建成立的股份制单位。科研单位以技术入股与龙头企业合作，风险共当、利益分享，这在当时还是个新鲜事物。

山西省农科院果树所是全国闻名的省级果树科研单位，拥有全世界最大的枣种资源圃，是枣种质的圣地；有全国最大的葡萄种质资源圃，存有各种果树种质资源3000 多份。近几年来，果树所实施百人人才计划，通过公开招聘引进了 5 位博士、12 位硕士。目前，果树所拥有枣种质资源创新与利用创新团队、果树生物技术创新团队、葡萄种质资源创新与利用创新团队、果品加工创新团队等新型科研创新主体。这些团队的前端还有一个推广团队。由此，该所的一个核心竞争力打造完成：立足自身优势，围绕产业搭平台、跨界选人建团队，育繁推一体化实践科研创新、机制创新和服务创新。

无病毒栽培已成为当今世界农业生产发展的方向，该研究中心开展的生物技术辅助育种、种质创新技术居国际领先水平，脱毒、快繁技术体系居国内领先地位。比如苹果单倍体纯合基因苗，全世界范围内日本有 50 多株，德国有 20 多株，中国的 40 多株都在这个中心。晋中盆地是全国现代农业示范区，根据山西的农业产业规划，该地区的主导产业之一是蔬菜花卉等园艺产业。在"公司＋农户（基地）＋市场"的商业模式推动下，以巨鑫蔬菜工厂化育苗为龙头，已实现年生产无病毒种苗2亿株，种苗辐射晋中榆次、祁县等10余个县市，解决了近1万个温室大棚的用苗量，带动了全省设施农业种植水平和产品档次的全面提升。

果树所还围绕山西特色现代农业七大翻番工程酿造业，启动建设了山西省葡萄与葡萄酒工程中心、山西特色果品加工产业基地，打破了体制的藩篱，建立了全省果树科技人才与相关产业和产业人才结合的新机制，为科技创新架设了一条"高速路"，也助推了山西葡萄酒酿造产业和果品加工产业的发展。

科技创新关键在人，调动人的积极性关键在于有一个公平公正的利益分配机制和人才的成长环境。果树所跨界跨单位整合资源成立的山西省园艺植物脱毒快繁工程研究中心，用采取股份制的实践有效地回答了如何强化科技同经济对接、创新成果同产业对接、创新项目同现实生产力对接、研发人员创新劳动同其利益收入对接的问题。

◈利用合作伙伴帮你创新

因为跨界竞争的出现，消费者对每个行业的期待值越来越高。企业可以充分利用跨界合作，让合作伙伴帮你来创新。这也是一种通过资源组合，在各取所需中寻求利益平衡的方式。可以通过以下几个例子来说明。

国内有一家非常大的便利店连锁集团，共有1500家连锁机构，大部分在华中地区。他们的扩展战略是3年内要从1500家扩充到全国范围内7000家，投资成本非常高，首先需要建设一个运维的环境平台，让这些门店的交易和客户服务不能中断。所以他们考虑能不能与策略伙伴分享这个成长，以及共同分担这个风险，包括财务管理等方面。该连锁集团与 IBM（全球性的信息技术和业务解决方案公司）团队的合作方式是，采购一个新的、轻资产运维的 IT 需求，在不增加任何软体设备的基础上，每增加一个门店，支付相应的服务费用；不需要采购大量的设备，并且可以增加服务。这个运维模式也使用了云计算和相关的应用。

某家银行考虑到，在银行业的竞争里，金融商品和个人定制化的服务会越来越多，而且科技引领创新金融服务，所以要导入设计思维的服务。这家银行甚至举办了一些创新大赛，采纳了一些创新的思路、想法。最后的结论是：分行的体验应该更好，所以他们开始引入一些机器人的服务。他们希望客户进入银行的体验是，将互联网金融和"互联网＋"的概念结合在一起的、有科技感的环境。这纯粹是以外部思想来思考的结果。

日本邮政善于引领合作伙伴做创新。日本人口老龄化是很严重的，而日本邮政是非常老的保险和金融机构，所以它的大部分客户群都是老年人。金融保险行业怎样去洞察老年客户的行为喜好，以及如何为他们提供相关的服务呢？考虑跟两家科技公司协同合作，于是找到了 IBM 和苹果，共同创造老年的客户体验。他们共同设计，利用苹果设备的便利性，设计的产品包括字体的大小，操作界面都是比较符合老年人需求的。另外设置一个语言认知和洞察客户的应用。日本邮政通过与苹果合作跨界应用，实现了观察老年人口对金融和保险业务的投资需求，通过比较简单的界面和应用方式就可以掌握这些需求。不难想象，日本邮政一样可以通过科技引领创新，但是时间的机会成本会很高，所以有这样的合作方式，能够加速企业的创新应用。

上述案例说明，如果企业能够友善地应用你的策略伙伴，这里面包含企业的成本效应、快速进入市场的效应，也包括取得核心竞争力的效应，那么创新效果都是比较显著的。跨界合作的策略是可以相辅相成的，在跨界合作里很多已经不再是简单的买卖关系，不是简单的购买设备的问题，而是合作伙伴之间的长期运维关系。

◈组合资源要立足长远

企业在跨界过程中，领导者不仅要对本企业内部进行资源配置，比如人力资源要做到人尽其才，才尽其用，人事相宜，最大限度地发挥人力资源的作用，更重要的是在与其他企业合作的过程中如何组合资源，最终共享资源带来的价值。两两之间构建博弈模型，为平衡利益相关者各方的利益、化解矛盾冲突提供保证。

跨界合作的主要工作是整合各方资源，而整合的关键在于对资源进行组合，以使大家都能够获得利益。仅谋求自身利益最大化的资源组合只能短期获利，要想得到平稳、长期的发展，就需要各方齐心合力，建立长效的共生互惠合作机制，采取全方位多角度的合作，让资源得到合理的配置，实现资源共享、利益共享。

格局有多大，资源整合能力就有多大。雷军的小米手机销量持续居高，但是他们没有自己的手机工厂，手机使用的每一个零件都是挑选各个行业里面最好的，这就是雷军组合资源的能力。2013 年 11 月，由阿里巴巴马云、腾讯马化腾、中国平安保险马明哲发起设立的国内首家互联网保险金融机构众安在线财产保险股份有限公司（即"众安保险"）正式成立。之所以能够促成这件事，是因为"三马"都能够立足长远、有跨界的格局，在这一点上他们都是跨界的先行者。正是心有多大，格局就有多大，而格局有多大，成就就有多大。

在大信息时代，信息技术的进步、信息传播方式的改变、信息的不对称等都促使企业必须进行价值链重组，以使企业之间的资源、信息得到共享，从而保证企业价值链的稳定、持续和健康发展。

价值链是价值创造的动态过程，它由一系列相关的价值创造活动组成。为了使价值链系统中每一种价值活动创造的价值都最大化，从而获得竞争优势，企业就需要通过跨界联合来发酵产业价值链，对价值链中各项活动的联系进行调整和优化，这就是价值链分析法。这个方法是美国哈佛商学院教授迈克尔·波特在他的《竞争优势》一书中首先提出的，认为"信息技术或信息系统的重要性就在于它能通过允许最优化价值链中的各种联系从而增强企业的竞争优势"。

无边界时代的跨界，创新商业模式

跨界其实是商业模式的重构与创新过程。优秀的跨界型商业模式创新，最终目的并非简单的"旧市场＋新市场"式吞并，跨界型商业模式创新的生命力在于"打破"和"颠覆"，即是否能够根据客户自身需求的细微变化创新商业模式。下面我们结合途牛网和贝贝网这两个具体案例，来看看它们是如何通过无边界时代的跨界实现商业模式创新的。

◈途牛网跨界创新下的新O2O模式

电子商务与传统实体经济的跨界融合，为互联网环境下商业模式创新开辟了新格局，其中新兴的商业模式不断出现，O2O 就是其中之一。O2O 的理念算不上新颖，但很重要，它的使命就是充分发挥电子商务的效力。在这方面，在线旅游的代表携程网、艺龙网、青芒果网、途牛网等都是 O2O 模式的实践者。其中途牛网更是创新了 O2O 模式，利用互联网思维的方式颠覆了传统旅游业，把传统旅行社的产品搬到网上销售，并最终将 1400 多人的途牛网公司带到著名的美国电子证券交易机构——纳斯达克，途牛网创始人于敦德跃身为中国为数不多的"80 后"上市新贵。

途牛网成立于 2006 年 10 月。当时机票、酒店的预订已经在携程网、艺龙网的带动下完成从线下到线上的转移。当时的途牛网为旅行社提供展示平台，从社区转型到卖旅游产品，完全是一个旅行社代理商的角色，走的是平台模式，只充当旅行社网上流量的入口。后来，途牛网改平台模式为自营模式，尝试"互联网 + 呼叫中心 + 落地"的业务模式。途牛网不再单纯当搬运工和旅行社的流量入口，而是采购旅行社产品，卖给消费者，消费者跟途牛网签合同，在旅游前、旅游中、旅游后的整个过程均由途牛网提供服务；同时设置线下服务中心，采取 7×24 小时客户服务。就这样，途牛网慢慢成为了一家真正的在线旅行社，有了自己的品牌，消费者找途牛网直接签单，途牛网给予消费者产品和服务质量的保证。这时的途牛网业务已经开始出现突破。

业务实现落地突破后，途牛网拿到美国顶级风险投资机构 DCM 等投资机构近千万美元的投资。有了充足的资金作为支撑，途牛网的发展速度明显加快，当时的年销售额实现 300% 的增长。但此时的途牛网对互联网商业模式的创新并无多大贡献，直到 2011 年学习和借鉴制造业、零售业、服务业等其他相对成熟行业的经验，改造传统的旅游业，实现跨界整合，才使途牛网对于互联网商业模式实现了创新，做出了贡献。

途牛网的商业模式是把传统的旅行社门店从线下搬到线上，即从旅游批发商采购产品，在网上卖给用户。这种商业模式始于对实体零售企业的跨界学习借鉴。2011 年，途牛网创始人于敦德在讨论商业模式、战略方向时，发现途牛网和苏宁有很多共通之处，如都属于零售品牌，需要采购上游的产品、需要打通供应链、需要把控供应链质量，于是，途牛网吸纳零售业的采购人员、制造业的质量工程师团队入伍，和供应商一起开会，帮旅行社解决内部的供应链问题，对订单管理流程和产品质量加以控制。事实上，苏宁、沃尔玛、国美等零售行业的不少人才跳槽到途牛网。

传统旅行社既是批发商，又是零售商，这种无分工模式，导致的结果是旅行社基本靠人脉销售，靠开门店扩张市场；并且很少在产品上下功夫，缺乏个性化产品，复制成风，很多时候靠低价策略取胜。途牛网作为零售商，广泛借鉴其他行业服务质量管理先进经验，在产品和服务质量控制方面采取以下做法：第一，途牛网服务流程体系搭建过程中，跨界学习制造业的流程和方式。将订单的生成拆解为多个细分步骤，从订单询问到接单、接出单通知书、回访等，每个步骤都设专人负责。工厂式的流水线作业让订单管理的效率大大提高。第二，在付款环节加以控制，如果旅行社没有按照国家相应的标准提供服务，导致用户体验下降，途牛网会有相应的扣款标准。第三，就像实物电商搭建点评体系一样，途牛网有一套用户点评体系和信誉体系，如果产品的好评率低于 75% 将被迫下架。

尽管有跨界经验可循，但毕竟休闲旅游行业极具独特性。行业标准化低、自动化程度低，这成为整个行业面临的最大挑战。多年来，用户一直在消费体验非常差的状态下预订度假产品。要改变消费者的价值体验，首先需要从旅游产品上下功夫。相比携程网、艺龙网的酒店、机票等标准化产品而言，休闲旅游度假产品是复杂程度最高的产品之一，因为它卖的是打包产品，除了包含机票和酒店外，经常还包括门票、导游、领队、服务、车、餐饮等各种项目的打包。面对如此复杂的旅游产品，经过反复尝试和改进后，途牛网的系统能将产品划分成三个维度：出发地、目的地、品类（比如，邮轮是一个品类）。三个维度相互交叉组合，能构成不同的产品线，形成不同的价格，而且价格能动态变化。产品线不同，订单处理的流程也不一样。

途牛网一直以典型的 O2O 模式经营着休闲旅游产品，线上引流量，线下做服务。但是其以跨界融合的宽阔视野，运用互联网思维，彻底颠覆了一个传统产业的旅游业，创造互联网环境下的又一个商业奇迹，以至于人们将途牛网视为互联网思维的新标杆。

❈ 贝贝网跨界创新下的 B2C 模式

贝贝网的前身是米折网，创建于 2011 年，是杭州互秀电子商务有限公司旗下的网站。当时，米折网致力于为年轻女性提供时尚又实惠的专属特卖服务，每天以一至七折的折扣对服装、鞋包、居家、母婴等进行限时特卖，10 点准时开抢，抢完即止。作为女性特卖的领导品牌，米折网曾多次获得"中国年度创新成长企业 100 强"的殊荣。

张良伦当时是米折网 CEO，他心里很明白，对于每一个创业者来说，生存比梦想更重要，只有先活下来，才能谈以后的梦想。在寻求"出淘"的摸索过程中，张良伦不仅看到了特卖的魅力，更发现米折网后台有一个非常有价值的数据趋势：母婴市场增长非常快。这引起了他的高度重视。调研后他发现，在中国，仅仅童装市场就有 6000 亿元的规模，再加上其他母婴品类，将有万亿元的市场规模。但从当时国内的消费习惯来看，多数人以线下消费为主，最大交易额依然在线下母婴店。2013 年初，米折网在试图"出淘"的过程中采取了两项至关重要的举措：一方面开设特卖频道，做容易规模化的"轻闪购"模式，这恰恰迎合了移动端用户的习性；另一方面发力无线端。终于，米折网找到了返利业务的替代模式——特卖。张良伦在米折网试水特卖，通过特卖方式在无线端发力，其占据了米折网一半的交易额，返利业务占到了四成，剩下的来自优惠券、超值爆料等业务。

随着特卖的成功，米折网进一步"去淘宝化"，并创建了贝贝网。2013 年 10 月，淘宝封停淘宝客接口，屏蔽了所有社会化电商接入淘宝的外链，要求淘宝客转到旗下导购网站爱淘宝，所有的链接都会直接转到爱淘宝的页面。此时的米折网已经拥有了许多精准的用户群体，也赚得了第一桶金，张良伦认为少了返利这部分收入，并不影响商业模式，完全可以跳出寄生的方式。于是张良伦决定在不影响米折网的情况下，做垂直的 B2C 网站。他花 100 多万元重金买下贝贝网 beibei.com 这个最适合做母婴用品的域名。敲定了贝贝网的域名，张良伦相当于自断后路，强逼自己冒险前冲。经过数月紧锣密鼓的筹备，贝贝网终于于 2014 年 4 月正式上线。母公司杭州互秀电子商务有限公司获得了巨额的投资，为贝贝网当时的上线发展储备了充足的资金。

当时，在业界对 B2C 垂直网站不太看好的情况下，张良伦依然"铤而走险"，也让业内人士为他捏了一把冷汗，张良伦心里清楚，传统的母婴用品电子商务网站已经很多，但是真正做垂直母婴电商的却寥寥无几，他想能做成美国上市的母婴用品闪购网站 Zulily 那样就可以了。另外，在张良伦再次寻找市场信息的时候发现唯品会开出了亲子频道并重点运营，这算是给他吃了一颗定心丸。

为了快速抢占市场，张良伦亲自挂帅担任贝贝网 CEO。贝贝网虽然没有依托米折网的捆绑运营，但是米折网特卖频道的母婴用户资源却直接导入到了贝贝网，在短短 4 个月的时间就实现了月 6000 万元的销售额。当时贝贝网 50% 的消费者是米折网的老客户，复购率在 40% 左右，超过 60% 的订单由老客户创造。张良伦的目标是，每天订单过万笔，然后再做品牌。如果依托米折网而生存，贝贝网的生存意义就没有了，独立发展依然是头等大事。活跃在二三线城市的大学生、小白领和已经当了母亲的千万年轻人都是贝贝网的潜在消费群体。张良伦认为，如果将传统的销售型思维转变为买家服务型思维，更有利于打开市场，因为销售型模式不利于精准化营销，更要为获得新客户承担巨大的成本。而以客户为中心的服务形式，不局限于品类，可以按照消费习性划分人群。

以客户为中心的模式让贝贝网从最初的童装、童鞋，扩展到了玩具、纸尿裤等，消费者就是"妈妈"，围绕这个主题不仅可以做母婴电商，以后还会向家居、日用百货等"妈妈"必备的方向发展。张良伦认为，做店铺也好，做垂直平台也罢，都要有品牌意识，可是销量并不能代表品牌，品牌是对消费者心智的占领，这需要对消费者深刻了解，做出适合他们的产品。比如针对 18～25 岁的女性，卖很潮流的衣服，卖一些日常家居，对 25～35 岁的年轻妈妈，考虑她们对小孩的关照，对于家庭购物的需求。以消费者为导向来架构产品思维将会是品牌着陆的关键点。

尽管贝贝网用短短三个月连续跨越了很多电商企业难以跨越的月销售额 1000 万元、5000 万元的门槛，并将很快跨进亿元级规模，但作为掌舵人的张良伦始终不敢懈怠，他认为下一步要打造团队的执行力和快速规模化的能力。"游戏才刚刚开始，变数太大，我们完全没有安全感。"他说。

其实，跨界创新的商业模式绝不只限于 O2O 和 B2C，但无论哪种商业模式的创新，本质上都是以消费者为导向来架构产品，都是围绕"以服务为唯一产品"这一理念的"分内之举"。衣服、手机、汽车、电影，这些都是从供应者角度，对一个人所需的种种商品和服务进行划分。因此，当我们身处跨界和融合的时代来设计一个商业模式的时候，是否从客户需求环节还原到客户需求链，通过跨界和融合再造一个方案，来更为完整周详地满足客户的需求链，这就形成了跨界和融合能力的高下之分，更决定了创新商业模式的竞争力。

编织价值网，打造生态圈

在跨界生态圈极具价值的当今时代，跨界打造生态圈可谓遍地开花：海尔打造互联网＋跨界生态圈、阿里打造智能生活生态圈、四川移动跨界整合打造移动益民服务生态圈、国内首个"'互联网＋'跨界生态圈互助联盟"、中国家电及消费电子博览会（AWE）跨界打造智慧生活生态圈……跨界打造生态圈，这是跨界主导企业需要肩负的使命。

跨界打造生态圈必须编织价值网，编织价值网需要一切围绕人的价值来展开，只有充分体现人的价值，其他资源才会得以整合、利用和开发，生态圈才能鲜活起来。下面这些方法可称为"人才互联宝典"，是任何一个跨界领导者都应该掌握的。

◈编织价值网，要夯实内功

编织价值网，重在打造平台，而谁的平台最大谁就拥有笑傲江湖的实力。平台是一个容纳性很强的地方。人们的选择那么多，为什么偏偏选择了你？马云曾说过："今天你对我爱搭不理，明天我让你高攀不起。"这高攀不起的背后是要做好、做高、做到极致、做到领域第一，一个高质量的平台必定会让人趋之若鹜。因此，企业跨界需要构建一个高效、安全的平台，对内支撑企业内部业务、部门协作、生产管理等，对外支持移动互联、与海量用户和合作伙伴实现信息交互，并在内外之间实现数据交换。

宜家倡导一种培养跨界人才的氛围，所以在跨界整合人才方面具有非常强的优势。跨界人才的培养需要时间，更需要营造培养跨界人才的氛围。在宜家，没有固定或者典型的职业发展轨迹，每个人都是独立的、受到充分尊重的个体。每个人的发展节奏和成长方向，完全由自己做主：可快可慢，可以有野心地垂直晋升，可以一直坚持自己钟爱的某项工作，也可以一直尝试不同的岗位从而保持永远的新鲜感。宜家测试及培训中心的 Rhea Zhao 在宜家工作的 18 年里，跟随自己的兴趣分别进入了 8 个业务部门工作，从协调产品与售卖到检查与索赔，再转入物流支持和人事行政，有了内功的底气，跨界挑战自然是与众不同又充满刺激。"我想很多人一生都不会从事这么多种工作，但我做到了，因为我的好奇心，更因为我在宜家。"Rhea Zhao 说。

◈编织价值网，要建好平台做好管理

腾讯、阿里巴巴都是通过各种方式整合领域力量，将 IM、电商等做成第一平台，它们都是这方面的典范。管理更是一项复杂的系统工程，任何一家

企业也不可能凭一己之力把所有管理工具开发完整，即使 HR 领域也是如此，如测评领域有 RTC、北森、倍智等，招聘领域有猎上网、大易等，在每一个细分领域都不乏深耕细作，耐得住寂寞者。但正因为管理是系统工程，单点解决永远也只能是头痛医头，脚痛医脚，所以集成每个细分领域的精致单品形成最系统的解决方案方能长久。

以猎上网为例，过去猎上网曾尝试过 O2O 的模式做招聘，平台两端连接的是雇主企业和猎头，即帮助猎头把他手里的人才卖给企业；但最终他们发现这种做法无法真正调动猎头，于是猎上网开始调整思路，试图用"滴滴打车"的方式，帮助猎头建立自己的形象和服务能力，从而让他们产生黏性，为企业主提供服务。就猎上网而言，它并不是一个大猎头，而是一个信息撮合平台，首先，它要做的工作是将对应、对等、契合的需求撮合到一起。其次，用平台担保的方式，维持市场秩序，即"按结构收费"，只有当求职者过了试用期以后，猎上网才会从企业那边拿到猎头费，并将80%分给猎头。

◈ 编织价值网，要"企随人变"

有一种新的商业思维，是由愿景聚集人才，由人才澄清战略并推动实现的。比如腾讯的微信即是在此思维模式下孕育而来，可以看成是"企随人变"的典型范例。

企随人变不是漫无目的的，也不是随意而为的。人是企业最宝贵的资本，但人必须在特定的业务环境中才能产生价值。因此，企业首先要清楚地勾勒出一个很有"魔力"的愿景，发多大的愿干多大的事，这一点在心理学领域已经得到了证实，尤其是以公德心来做一番利国利民的事业，这个号召力就更强了。其次企业要认真识别人才，一方面是人才的界定和企业自身的要求，另一方面是人才的去与留，哪些人才是企业靠得住的，哪些是很难招进来或招进来也留不住的，可以选择市场上有些人才管理工具如人才管理系统模型进行甄别。最后也是最关键的一点，企业如何才能找到这些合适的人或团体？所有的优秀人才是不是一定要为我所用呢？人口红利正在逐渐消失，人才的获取成本日益高涨，显然，"为我所用"比"为我所有"更能满足企业的经营需要。

◈编织价值网，要遵循融合大道

被称为"中国当代科幻第一人"的刘慈欣在他创作的系列长篇科幻小说之一《三体》里面提到两个最基本的宇宙法则，一是生存，二是能量守恒，其中的能量守恒是宇宙运行的源代码。作为比宇宙构造简单得多的行业业务体系，其源代码的提取自然相对简单，抓住其源代码，系统构建就迎刃而解。

在这方面，理才网（深圳市理才网信息技术有限公司）团队在多年的管理、经营实务中已挖掘出了这么一套源代码，且已据此在理才网平台中提供了搭建框架，只要联合行业翘楚进行业务层面的内容输入，就能快速地进行跨界融合，推出切合行业业务特点的垂直应用。该模式已在湖南中周至尚信息技术有限公司开发的中周猎犬舆情管理系统中得到有力的印证，可以很好地服务于政府、上市公司、名人的品牌形象管理。

总之，编织价值网的最终目的就是形成以人为中心的生态圈，通过组织与组织、组织与个人、个人与个人之间灵活化、个性化、瞬息化的链接，推动组织边界的无限延展，实现人才、资源全生态圈的无障碍输送。

无边界时代，如何确保网络边界安全

计算机系统为企业的管理、运营、维护、办公等提供了高效的运行条件，也给企业的信息化带来严重的制约，互联网上的黑客攻击、蠕虫病毒传播、非法渗透等，严重威胁着企业信息系统的正常运行。安全漏洞是网络空间系统构建的一个必然结果，具备可利用性、难以避免性、普遍性和长存性等技术特征。那么，企业安全边界都有哪些漏洞？无边界时代，如何确保企业的网络边界安全？

◈企业安全边界存在的漏洞

企业的安全边界漏洞归纳起来有以下常见的几个方面：

一是 Wi–Fi 漏洞。近年来，黑客通过企业无线网络发起的企业内网渗透事件频发，比如 2015 年便发生了数十起知名企业因 Wi–Fi 相关安全问题导致内网被入侵的事件，对企业造成了十分恶劣的影响。目前企业 Wi–Fi 有很大的网络安全隐患，包括企业 Wi–Fi 密码泄露、钓鱼 Wi–Fi、私搭乱建 Wi–Fi、Wi–Fi 相关设备漏洞，其中密码泄露是企业 Wi–Fi 网络最普遍的安全隐患。企业 Wi–Fi 密码泄露主要有以下四个方面的原因：Wi–Fi 密码被不当分享、Wi–Fi 密码使用弱口令、Wi–Fi 密码加密方式不安全、无线 DDoS 攻击。随着 Wi–Fi 万能钥匙软件等共享无线密码软件的普及，攻击者能更加轻易地获取无线密码，通过连接这些无线网络，攻击者便可以轻易地进行内网渗透。

二是邮箱漏洞。企业邮箱是指以企业所选择的域名作为后缀的电子邮件地址，是企业之间相互沟通和交流的平台必备工具，承载着众多商业机密信息，这也使得企业邮件面临的安全风险随之加倍。在电子邮箱的日常使用中，由于企业员工的安全意识不强，导致很多员工使用了弱口令当作自己的密码，当攻击使用弱密码攻击邮箱，从而登录邮箱，获取一些系统的敏感信息，如常用的 VPN 账号信息，这边攻击者便可通过 VPN 登录进入内网，从而完成内网渗透。一般来说，攻击者会针对特定目标收件人精心制作邮件，并且他们通常会从收件人（企业）密切来往的人（如合作伙伴等）的邮箱账号来发送这种邮件。

三是 Web 漏洞。Web 漏洞通常是指网站程序上的漏洞，可能是由于代码编写者在编写代码时考虑不周全等原因而造成的漏洞，常见的 Web 漏洞有 Sql 注入、Xss 漏洞、上传漏洞等。Web 服务器一般指网站服务器，是指驻留于互联网上某种类型的计算机程序，可以向浏览器等 Web 客户端提供文档，也可以放置网站文件，让全世界浏览；可以放置数据文件，让全世界下载。Web 服务器站点是企业对外的第一大门口，也是许多攻击者首选的攻击目标。如果网站存在 Web 漏洞并被黑客攻击者利用，攻击者可以轻易控制整个网站，并可进一步提权获取网站服务器权限，控制整个服务器。

四是 APP 漏洞。APP 存在的漏洞是指 APP 开发者在逻辑设计上的缺陷或在编写时产生的错误，这些漏洞能轻易地被他人植入恶意代码或手机病毒，造成损失。就企业内部而言，有些企业为了方便内部人员的办公，会开发一些内部使用的 APP。由于是内部人员使用，所以开发人员在开发其功能的时候比较简单，并没有注意到安全性这个问题，或者说是忽略了其安全性，有些内部使用的 APP 为了方便人员的下载，会发布到互联网去，而攻击者正好瞄准了这个时机，从这个 APP 入手，从而可以攻入到网站的内部。

五是新型网络边界漏洞。越来越多的企业都在慢慢地学习使用新技术，如大数据、云计算、公有云等，但却产生了一些新的边界问题，而这些边界也成为了攻击者新的攻击目标。在云计算里面，一些平台也暴露出一些问题，包含有 Dockerapi 接口未授权访问漏洞问题，漏洞刚一爆发，在某平台上就收到许多互联网厂商的问题。

随着新技术的发展，企业的网络边界也在不断变化，对于这些边界安全防护，企业也仍需不断关注与防护。

◈ 防范第一：从有边界到无边界

在网络安全发展的历史中，安全老三套（入侵检测、防火墙以及反病毒）一直占据着主导地位，也就是我们常说的"边界安全产品"。这些产品设计的基础理念是：认为企业边界的外部是危险的，存在着病毒、木马等各种安全威胁，安全产品通过在企业的边界网关处，加上各种各样的"锁"，将危险挡在企业外部，保证企业内部安全。

万物互联的时代，网络安全在向更快（机器学习、人工智能、自动化）、更准（行为识别、可视化）等方向演进与发展。其明显的标志就是新的安全产品以及提供安全产品的公司层出不穷，比如 Claroty（保护和优化运行工业控制网络，提供实时监控和异常检测网络）、Contrast Security. Inc（使应用程序自动检测和修复漏洞、识别攻击、自维护）、RedLock（云安全自动化，结合机器学习）、UnifyID（隐式认证平台设计，可离线使用）、Uplevel Security（自适应响应平台连接传入警报）等企业的安全产品。

万物互联时代的网络安全逻辑框架，已经从安全老三套那种单纯的边界防护上升到整个网络空间安全的概念，形成了以"察知"为核心的网络空间管防控系统化的方案，这种管防控就像中医的"治未病"一样。在无边界数据世界，基于用户行为分析、大数据业务风控、可视化等技术的"察知"才是安全防护的关键。

◈无边界时代的网络边界保护

企业边界的模糊甚至消失，使企业内部和外部之间的分隔不复存在，用户越来越多地在企业外部工作，通过公共互联网或移动设备及服务来连接而不用坐班。因此，现在需要的是无边界保护，也就是无论用户、应用和资产位于何处，都可以保护它们，而不涉及企业边界。这种无边界保护架构有以下几个关键模块：

一是数据泄露防护。数据泄露防护（DLP）又称为"数据丢失防护"（DLP）或"信息泄露防护"（ILP），是通过一定的技术手段，防止企业的指定数据或信息资产以违反安全策略规定的形式流出企业的一种策略，其形式包括硬件设备、软件应用和基于云的服务。数据泄露防护产品供应商包括Blue Coat Systems、思科、Code Green Networks、GTB Technologies、McAfee、Sophos、赛门铁克、趋势科技、Digital Guardian 和 Websense。数据泄露防护产品中的主要功能包括实时性能，全面支持各种文件格式、协议、语言，易于管理和配置，以及有效整合政策。

二是 SWG（安全 Web 网关）。与数据泄露防护产品一样，SWG 的形式包括硬件设备、软件应用和基于云的服务，两者的区别在于，虽然前者通过监控企业的资产来抵御不当的查看、修改或共享，后者还会从流量方面抵御恶意软件。SWG 供应商包括 Barracuda、Blue Coat、思科、McAfee、iSheriff、Sophos、赛门铁克、趋势科技、Websense 和 Zscaler。这些产品的主要功能包括实时性能、支持多种协议（IPSex 和 SSL）、沙箱技术、整合社交媒体以及支持移动设备。

三是网络安全分析工具。网络安全分析工具是安全信息和事件管理（SI-EM）产品市场的产物，两者都是旨在实时发现安全事件，但网络安全分析工具的特别之处是基于大数据技术，例如，Hadoop 通常会结合各种设备与产品来提供对企业安全状态的持续分析。网络安全分析工具的产品供应商包括 Agiliance、Blue Coat、Damballa、Fire Eye、Guidance Software、HP Arcsight、IBM、Lastline、LogRhythm、McAfee 和 Splunk。这些产品的主要功能包括与在线数据源的实时整合（保持更新的重要方式）、实时性能和警报，以及修复功能。

企业边界已经消失，无边界时代的企业用户、应用和资产需要保护，为此我们要摒弃"网络边界安全"这个旧思想，重新考虑无边界保护的安全架构，熟知安全架构的关键模块，掌握新产品的功能，以最终实现无缝集成。

第九章 群芳谱

——无边界时代的跨界共生新体验

　　一直以来，明星是品牌与消费者沟通的纽带，品牌通过明星实现宣传推广的同时，也在向消费者传达自身理念和价值观。不得不承认，在当下这个讲求"高大上与接地气并行，接地气与高大上齐飞"的时代，"体验官"这一称谓，在提升品牌调性的同时，比"代言人"这一有距离感的称谓更真实，也更接地气。

唯品会全新打造的首席惊喜官

电子商务行业近年来催生了很多新职业，首席惊喜官就是其中之一。什么是首席惊喜官？这是一个什么职位呢？下面我们一起来看看。

◈什么是首席惊喜官

首席惊喜官，简称 CJO，是唯品会根据网购用户需求、喜好，全新打造的职位。首席惊喜官是唯品会惊喜活动的策划与执行的核心，其主要职责是：准确把握网购用户需求；参与惊喜活动策划；为惊喜活动提供创意；对外公布惊喜活动。这些职责可以简单概括为"为用户谋求福利，制造惊喜"。

如何才能给员工和买家制造惊喜呢？这就要首席惊喜官开动脑筋去想了，比如在员工生日的时候送礼物，扮成卡通人物去给顾客送货，或者在大家辛苦工作之余，组织各种娱乐活动。年轻女孩灯盏是知名女装设计品牌裂帛的首席惊喜官，她刚入职时曾经犹豫过一段时间，但一年多时间做下来，她很喜欢这个职业，因为每天都在想办法让别人开心，自己也会很开心。

首席惊喜官虽然听起来职位挺高，但实际上在公司行政体系中的级别并不高，通常都会由年轻员工担任，不过首席惊喜官也有自己的"特权"，那就是在公司里组织活动时，其可以调遣各个部门的员工，包括领导，而且举办活动时大家都必须听其安排。

首席惊喜官这个职位对学历、专业的要求并不高，但要求担任这个岗位的员工必须性格开朗外向，善于与人沟通，同时还要十分细心，有较强的活动策划能力。

◈ 周杰伦成唯品会首席惊喜官

唯品会是特卖电商，它的核心价值就是让消费者每天打开页面，发现不同品牌以惊喜的价格出现。唯品会网站目前拥有 1.6 亿会员，50% 的会员每天会打开唯品会页面看看。过去唯品会的关注点在商品层面，比如精选品牌、每日上新，而在更高层次的消费体验上，则易陷入固定模式。为了给消费者创造惊喜，他们计划引入外部对人性、体验有深刻洞察的人才，用跨界模式，带来新思路。

功夫不负有心人。唯品会在经过曝光工卡、微博倒计时、招聘 CJO 助理等一系列造势后，于 2016 年 3 月 25 日举行发布会，正式宣布签下周杰伦担任 CJO。发布会还在直播平台进行了直播，乐视直播有 1500 万人观看，加上其他直播平台，观看总人数超过 2000 万。

周杰伦和唯品会的跨界合作反映了当下明星与企业在"粉丝经济"上的新尝试，互联网明星和品牌要从墙上挂的符号，变成消费者身边的朋友；从原来从上到下的沟通方式变成平等的交流。

唯品会为什么会选择周杰伦？唯品会方面对首席惊喜官的解释是，该职位英文缩写 CJO 中的"J"意为惊喜、愉悦的英文单词"joy"，同时也与周杰伦英文名首字母一致。唯品会方面曾经毫不讳言地表示，这个职位就是为吸引消费者目光而专门为周杰伦设置的岗位噱头，代表着将和周杰伦一起为消费者带去更多惊喜。

唯品会选择周杰伦也是经过了一番寻找过程的。唯品会副总裁冯佳路是这项工作负责人，他的团队先是做明星分析，然后锁定了周杰伦，因为周杰伦对"70后""80后""90后"这三代人都有吸引力，现在不断有作品的明星比较少，周杰伦名气不用说，他本身就是创作艺人，对女性有特别的洞察力。唯品会不是让首席惊喜官做简单的代言，首席惊喜官要参与到公司运营中来，当然这也要看明星的意愿，对此，冯佳路说："其实不是我们选择了杰伦，而是杰伦选择了唯品会。杰伦始终极具创新，大胆跨界，永远让粉丝惊喜，这与唯品会的品牌理念不谋而合，共同的惊喜DNA促成了这段缘分。"事实上，从创业伊始，作为一家专门做特卖的电商企业，唯品会"精选品牌＋深度折扣＋限时抢购"的特卖模式创新性地颠覆了传统电商的购物场景，独特的逛街式购物体验能够充分调动消费者"求新求变"的心理和购物欲望，从而收获"不断发现"的惊喜体验。周杰伦代言传统线下品牌比较多，对互联网、电商领域也非常感兴趣，互联网企业在开放性上可以给人很大空间。唯品会与周杰伦接触了半年多时间，双方沟通非常细致。电商会遇到的问题，如正品保障、消费者购物体验等，周杰伦都非常关注，还特意体验了唯品会的模式，最终才达成合作。

担任唯品会的首席惊喜官，周杰伦并不需要做商品、页面设计等基础性工作。他的主要责任是，给会员创造惊喜和不一样的感受，用跨界方式偏重用户体验。惊喜需要灵感，因此在合作中，唯品会不会给周杰伦每月任务量等硬性规定。唯品会从内部各部分抽调人员，组建了一支核心团队，专门对接周杰伦的工作。周杰伦每月会与团队一起开会，刚开始合作时，沟通会更加频繁。

都说"新官上任三把火"，周杰伦第一把火就给唯品会带来了惊喜。唯品会之前的广告词是"精选品牌、深度折扣、限时抢购"，消费者对这句广告词没有太大的反应。2016 年合约签订后，周杰伦与冯佳路就想设计新的广告词，直到周杰伦在拍摄广告时，灵感一现，当场与导演和团队沟通，随即拍板定下来。"新的广告词，体现了首席惊喜官很大的价值。"冯佳路说。当时团队关于新广告词唯一的讨论是，会不会有人听不明白。后来才发现，对于广告词，消费者喜欢最好，最怕的不是不喜欢，而是默然、无感。于是就有了第二次讨论，唯品最终做了一些新的尝试。

在冯佳路看来，周杰伦是喜欢学习、接触新知识的人，会搜索消费者怎么去表达。现在是分享时代，是全民创作时代，周杰伦发现现在的消费者交流时用全新的词，诸如"种草""拔草""剁手"等，这些都不是品牌创作出来，而是消费者创造的，而且非常形象，易于传播。周杰伦倡导与粉丝、消费者平等沟通，并从首席惊喜官这个角度给了唯品会很多建议，甚至"吃土"这些网络语言是否能放入，都有提出并讨论过。

周杰伦的第二把火，是联手陈漫，第一次和羊驼、鹦鹉、小狮子等萌宠一起为唯品会拍摄"人兽大片"。"以前拍片都是抱动物玩偶，这次都来真的！"周杰伦说。

周杰伦的第三把火是在唯品会"4·19"大促时，不仅将自创潮牌PHANTACi 服装和代言的 Tiinlab 耳机在唯品会首发，还带动哈林等 20 位明星好友的原创品牌及联名设计在"4·19"大促时入驻唯品会。

接下来，在周杰伦 2016 年 6 月推出新唱片时，唯品会也开始策划年中大促；7 月周杰伦开演唱会，唯品会通过网站直通演唱会。这是唯品会在明星代言接触上，与明星合作最充分的一次。

无论是会员数，还是"4·19"大促的战果，唯品会并没有详细披露，冯佳路说："首席惊喜官刚尝试，我们也在摸索，看了效果后再说。"唯品会还将和韩国组合 BigBang 合作，与韩国团队共同研发演唱会周边产品、穿着、应援物等，并成为全网独家发售平台。在冯佳路看来，明星和设计师的商品符合唯品会精选的定位，可参考的是，线下的连卡佛、老佛爷都走了这样的路线。

对唯品会来说，跨界合作会成为他们今后的发力点之一。唯品会感受到了互联网带来的变化，包括品牌和消费者平等交流、更加直接地收到消费者反馈、可以及时调整工作、提高供应链反应速度、允许试错等，所以唯品会才会请来周杰伦当 CJO，并在与明星跨界合作中，不断反馈，不断优化。"要具有跨界思维，巨头倒下不是因为同行竞争，而是因为跨界，就像打败相机的，其实是手机。"冯佳路说。

首席体验官，重在"体验"二字

首席体验官也称"首席用户体验官"，这是由于互联网公司对"用户体验"的重视而催生的一个新职位。比如，旅游领域的"首席旅游体验官"、教育领域的"VIPKID 首席体验官"，以及产品方面的"首席产品体验官"等。

首席体验官可以让品牌通过体验官这个介质喊话消费者：我们的产品和服务是你喜欢的明星参与设计和体验的；与此同时，也潜移默化地传递出"我们注重体验"的品牌理念。很显然，"首席体验官"的关键点不是"首席"，而是"体验"，这两个字抓住了消费者当下对产品和服务最强烈的需求——体验感。

◈美妆领域"首席体验官"的体验

2016 年 7 月，御泥坊聘请韩星黄致列为其"首席体验官"，工号 2020；同年 9 月，百雀羚授予其代言人周杰伦为"首席体验官"，工号 0118。2017 年 2 月 20 日，欧诗漫在其官方微信宣布，与演员、模特黄景瑜合作，聘请这位"行走的荷尔蒙"为珍珠白 CEO 首席体验官。在一众美妆品牌的推动下，"首席体验官"成了美妆品牌当下与明星合作最"吃香"的方式。那么，美妆品牌的"首席体验官"们，到底体验的是什么？我们又从中体验到了什么？

做美妆领域的"首席体验官"，尤其需要站在用户的角度思考问题。根据欧诗漫官方的说法，黄景瑜作为欧诗漫新晋代言人＋珍珠白首席体验官，将分享他的护肤心得和保养大法；百雀羚没有对周杰伦的"职务"进行明确说明；御泥坊则称黄致列将参与到御泥坊面膜新品设计中，对新品进行评测、试用、推荐。很显然，与传统代言人不同，品牌在"首席体验官"身上，寄托了当下行业最热门的话题——体验。

事实上，一些明星对加盟企业确实有实质性的推动作用。比如，美图手机"首席颜值官"Angelababy 也是设计师之一；再如，担任《全民枪战》"首席创造官"的陈赫，本着爱玩游戏的特点，参与并策划了《全民创造》的 UGC 玩法，亲自设计并制作了其中一批游戏地图。在参与度方面，首席体验官的作用是传统意义上的代言人所实现不了的。

明星和品牌的关系，就像萍水相逢的"半路夫妻"，不仅讲求眼缘，也要注重双方气场和价值观层面的"门当户对"。欧诗漫官方表示，黄景瑜的稳重自信和年轻真实，与欧诗漫一直以来倡导的理念互相吻合；百雀羚称，周杰伦对音乐的执着和在华语乐坛的地位，与百雀羚不断进取创新的品牌调性相吻合；御泥坊则称，黄致列对粉丝的态度，以及平和、不骄不躁的姿态，与御泥坊的品牌理念相似。这样的考量与品牌选择代言人虽然并无二致，但"首席体验官"这样的称谓不可避免地赋予了明星更大责任。一旦这种加盟关系确立，双方等于建立了"攻守同盟"，消费者对品牌的认知，会影响到对明星的评判；同样，明星的不良形象也会让品牌形象蒙损。品牌与代言人之间也存在同样的关联度，但"首席体验官"的称谓，让明星和品牌的关系得到了升华。

品牌和明星的合作，你情我愿，好戏正酣，双方都在体验着酣畅淋漓的"体验"。

◈酒店"首席体验官"——"最挑剔的客人"

国内经济型酒店近年发展逐渐进入瓶颈，过去主打性价比的经济型连锁酒店，以价格赢得了一批受众，但也不断出现价格竞争激烈、入住率下降、安全等各种问题，经济型酒店正面临着如何向未来转型升级的关口。通过什么样的方式才能改善这样的局面呢？有的酒店选择了"首席体验官"做用户体验的方式，并且实际效果很好。

为了进一步提升用户体验，本土大型连锁酒店企业——华住酒店集团（以下简称"华住"）于 2015 年推出首席体验官后，又于 2016 年 5 月间正式成批推出 22 名首席体验官，并与华住集团 CEO 当场对话，期待借助以外脑的方式寻找到可能的改进方向。

华住于 2015 年通过公开招募的方式，首次引入了"首席体验官"机制。首席体验官从消费者的多元背景和视角，对华住的产品和服务提出建设性意见，分享各自的出行和入住体验，共同提高华住的用户体验。华住当时的忠诚度计划覆盖的5500多万会员，贡献了超过85%的间夜量。从2015年5月华住CEO项目推出以来，已有约2.5万名用户参与了此项目，提供了3.3万条意见，其中已有10%的建议得到采纳并实现。根据华住的"360度满意度监测与质量管理体系"，这些反馈被分类为在线产品、酒店体验、会员服务，覆盖了华住旗下酒店服务、官方APP、官网、微信服务以及会员政策和各类营销活动等。参与用户的每条有效建议均会给积分，每个自然月累计分数最高的即成为当月CEO。首批诞生的CEO多为华住的重度和活跃用户，他们来自各行各业，有酒店行业的资深人士、IT人士、设计师、法律工作者、学生、旅游达人、摄影师等，他们通过敏锐洞察和开创思维为酒店优化升级带来了预期效果。随着华住的全品牌线不断延伸扩充，华住将与这些CEO级首席体验官共同打造中国酒店业的"最强外脑"。

华住引入"首席体验官"机制，除了行业"瓶颈"，也是有自身原因的。华住酒店集团的前身是汉庭酒店集团。在近年汉庭酒店的升级过程中，华住不仅考虑了外观设计的亮丽，还解决了一些顽疾：酒店传统的浴室很容易受施工质量的影响而发生渗漏、瓷砖开裂脱落等问题，酒店不仅需要承担维修改造的费用，更会影响宾客满意度，甚至引起纠纷赔偿。新品汉庭采用了在日本等非常流行的整体卫浴，浴室结构整体成型，材料抗菌防滑，并且极大地缩短了安装时间、节省人工成本，最快4小时即可完工。针对大众关注的卫生问题，华住在客房管理中突破每个楼层固定消毒间的传统思维，及时推出了独创的便携式消毒柜，使尺寸方便纳入清洁工具车内，在打扫每间客房的同时，就能完成杯具用品的消毒过程，且经过检测证明其紫外线高温消毒杀菌效果高于国家标准。华住认为，在安全、卫生、便捷的体验方面，多为消费者着想，消费者就会购买你的产品，青睐你的品牌；为加盟商多考虑一点，他们就会成为你的忠实伙伴，共同去服务好我们的客户。

值得注意的是，华住推出首批首席体验官的地方，选在了上海新一期全季酒店旗舰店中独特创立的"励业公社"，这也是华住近几年众多创新尝试之一，将创业办公与酒店合二为一，使人得以知晓众多酒店行业最新的创业项目。比如华住开发的客房管理系统，每个打扫卫生的服务员在进入房间时即可以通过 APP 全程记录，不但可以迅速得知酒店内所有房间的状态，还可以将房间内发现的所有问题上报，积累的数据可以使酒店更清楚地知道运营中哪些地方最常出现问题，进而寻找解决根源；最新的云 PMS 系统，能够帮助所有独立酒店系统管理酒店整体运营，并可以接入华住的销售系统，即时得到销售网络支持。目前，华住酒店集团的直销渠道贡献了超过 90% 的客房间夜量，而其中约 50% 通过线上平台，除了官方渠道的会员体系和价格保障机制以外，以华住 APP 为首的线上产品的持续优化创新，也成为绑定用户的秘籍。

通过与首席体验官们的沟通和研发调试，华住还在 2016 年 5 月正式成批推出 22 名首席体验官，在发布会现场推出了最新版华住 APP 6.0，革新了界面风格，打造成为用户出行的全程助手。例如，"光速入住"服务集合了行业首创的自助地图选房、预约发票，融合华住信用住、Apple Pay 等多种支付方式；"百宝箱"为酒店住客提供了更多个性化服务：洗漱用品升级、水果拼盘送房服务、汽车租赁、推拿预约等；"华住商城"则精选推荐商品，在线轻松购物还接受会员积分支付。

华住的统计数据显示，2016 年第一季度，华住的中档酒店每间可用客房平均收益仍然出现了同比 8.8% 的增长，入住率提升了 2.8%。华住将此归功于一系列的产品优化、模式创新，而用户的意见反馈大大促进了这些升级与改进的有效性。毫无疑问的是，这些都与"首席体验官"这个"最挑剔的客人"不无关系。

◈万达乐园招募首席玩乐体验官

2017 年 5 月 11 日，哈尔滨万达乐园将首次面向全球招募"万达乐园首席玩乐体验官"，当时预计 6 月初将有 5000 名首席玩乐体验官率先免费入园体验。哈尔滨万达乐园给出的条件是，无论是温馨和睦的亲子家庭，还是甜蜜浪漫的幸福情侣，抑或是亲密无间的"死党"闺蜜，都可以参与万达乐园首席玩乐体验官的全球招募。

在 1.5 万平方米超大娱雪乐园里，有 6 条不同坡度的顶级雪道，最高垂直落差高达 80 米，既能满足玩雪发烧友的期待又能为初学者提供场地。全年零下 5 度的恒温环境，让游客在最舒适的环境中滑雪、娱雪，冰与雪之歌四季不息。

除了娱雪乐园，走进毗邻的室外主题乐园，漫步在布满文艺复兴和巴洛克风格建筑的哈市大街，街道两边琳琅满目的主题商店，让人如同穿越到 19 世纪哈尔滨繁荣的商埠，浪漫而复古。

从民族风情的水上婚礼到欢快热闹的欧式巡游，哈尔滨万达主题乐园精心编排了多个特色氛围演出。游客进入乐园室内，就可以看到演员们身着特别设计的角色服装，奉上一场俄罗斯风情的迎宾盛会，既有萨克士兵们整齐划一的队列舞蹈，还有热情洋溢的踢踏群舞，更有别开生面的音乐舞会与餐具总动员，"碗勺大叔"与"蛋糕小姐"带领欢快的"音符仙子"邀请游客一起狂欢。而在室外主题乐园里，乘坐亚洲首台 4D 情景雪山矿山车，开启一段地动山摇的探险之旅；或是在大型悬挂转体过山车里感受暴风一般的速度和转体720度的刺激，享受遨游天际的自由。

当然精彩远不止于此，在哈尔滨万达主题乐园人们还能够欣赏到大型水上奇幻灯光秀大湖秀。大湖秀打破了传统水秀概念，立足于东北文化与传统故事，以3D水上全息投影等创新科技手段和极具震撼力的水舞光影场景推动情节，结合水上飞人、水上火效摩托艇、滑板摩托艇等水上特技，与开阔湖面的大场景相融合，打造出了全黑龙江乃至东北地区极具观赏性的高科技大型水上奇幻灯光秀。

夜幕降临时，游客们还可以在中央大剧院观看当家剧目《魔幻奇缘》，由有着33年主题公园演艺经验的法国主创团队精细策划，来自乌克兰、肯尼亚、智利、澳大利亚等国家和国内演员共同演绎。剧目围绕令人感动的爱情故事，巧妙完成四季轮回和城市场景切换的高科技舞台技术，带领游客亲身体验一场迷幻的时空穿越。3D飞行威亚、高空滑雪、极限单车等特技表演，让游客体会心跳停止般的惊险刺激。

除了娱雪乐园和主题乐园，游客们还可以在占地面积1.8万平方米的电影乐园里感受一场电影艺术和光影科技碰撞出的顶级视听盛宴。这所有的一切，对游客来说不再是隔屏相望的幻想。

据万达乐园的宣传，想成为首批揭秘哈尔滨万达乐园的首席玩乐体验官，可以献上两个福利传送门：福利一，关注哈尔滨万达乐园官方微博参与话题"国民公公家的首席玩乐官"互动，告诉我们你想成为万达乐园首席玩乐体验官的理由，并附上转发微博或者微信朋友圈的截图即有机会获得免费入园体验的机会。或者关注万达乐园官方微博，按规则参与互动，生成自己的专属海报，也有机会成为万达乐园的首席玩乐体验官。福利二，关注哈尔滨万达乐园官方微信，或者关注万达度假官方微信，在以上平台参与互动，都可以生成自己的专属海报，同时呼朋唤友为自己赢积分，通过积分兑换即有机会赢得入园体验券等精彩好礼。

◈VIPKID 首席体验官刘涛："爱学敢说"最重要

2016 年 8 月 3 日，VIPKID C 轮融资发布会在北京举行，会上，VIPKID 创始人兼 CEO 米雯娟宣布 VIKID 获得 1 亿美元 C 轮融资，云锋基金领投、红杉资本跟投。米雯娟还宣布，刘涛（演员）将担任 VIPKID 首席体验官，致力打造便捷、专业、个性化、趣味性强的学习体验。

值得一提的是，刘涛对 VIPKID 可谓青睐有加，她自己的女儿就是 VIP-KID 的使用者。作为两个孩子妈妈的刘涛，对孩子的英语培养上有着"挑剔"的要求。VIPKID 首席体验官刘涛说："在孩子的英语启蒙阶段，激发孩子学习英语的兴趣，让孩子'爱学敢说'才是最重要的。"

如今，家长对孩子学英语的关注点从"会学会背"逐渐转变为"爱学敢说"。但有些教育机构依旧仿照成人的学习方式，课堂气氛枯燥乏味，内容晦涩。在这种条件下成长的孩子，对英语产生强烈的抵触情绪，极易变成不愿开口的"哑巴英语"。VIPKID 平台上与国际接轨的教育资源和优质北美外教不仅能帮助中国小朋友学会开口说英语，还能让孩子拥有国际化的视野，发展成为国际性人才，这也是为什么刘涛在众多教育品牌中唯独推荐 VIPKID 的原因。

VIPKID 对标美国小学课程标准（CCSS：美国共同核心州立标准）的定制课程，通过积极的思维引导，让孩子的学习能动性和成就感得到显著提高。让孩子完成"被动学习"到"主动学习"的学习习惯的培养，学习效率也得到了显著提升。同时，VIPKID 运用大量前沿科技手段，对孩子的学习进展进行实时监测和反馈，孩子学习效果的呈现更加多元、直观。通过学习方案的定制化服务，VIPKID 将为孩子提供更加"个性化"的学习方式，通过打造"每个孩子都是 VIP"的极致教学体验，激活孩子对英语的学习热情，养成自主学习英语的习惯，把英语熟练运用到日常生活当中。

VIPKID 独创的"翻转课堂"，全力打造"强参与""强互动""强反馈"的氛围，让孩子在快乐中学习英语，敢说英语。在"外教带你看世界"的教学环节中，北美外教亲自实景录制不同场景的视频，并将课程中的重点单词和句型融入其中，让孩子在跟随外教游历世界开阔眼界的同时，在轻松有趣的氛围中最大化地吸收英语知识。另外，在孩子与外教的学习沟通中，外教不仅教授孩子英语知识，更重要的是会鼓励孩子自信地表达自己，教会孩子怎么去发散联想，激起他们的好奇心与求知欲，从而让孩子自发地爱上学习，主动学习。

VIPKID 通过运用互联网技术，让孩子能够随时随地与全球最优的外教对话学习。不仅如此，VIPKID 还通过与微软的合作，借助 Microsoft Azure 的存储服务，将孩子们在线学习时每堂课所使用的教学课件、教学录像，存储在 VIPKID 的数据中心。另外，VIPKID 对孩子的课后复习采用游戏化的在线作业形式设计，使孩子在游戏环节中巩固课堂知识点，强化对所学英语知识点的理解和记忆，反复激活孩子脑中的知识记忆点，最终形成母语般的条件反射，让英语脱口而出。

VIPKID 在"六一"当天邀请首席体验官刘涛进入 VIPKID 总部，与家长们共同讨论孩子在英语学习的过程中遇到的困惑和孩子成长中的趣事。

艺人入股或代言，跨界商业挂职多样

娱乐圈明星做"企业高管"是时下的风潮，只是"官衔"有点五花八门。比如，某手游"首席创造官"、某洗发水"首席柔顺官"、某电商"首席惊喜官"、某酒类网站"首席品酒官"、某饮料"首席漂亮官"、某网购平台"首席品控官"、某手机"首席颜值官"……对于艺人成为公司高管这种形式，现在市场一般有直接入股或是代言两种。

◈明星代言：双方你情我愿

综观这些当了"官儿"的明星，无疑不是人气爆棚的偶像明星，至于公司邀请这些大牌明星出任高管的原因，某广告公司的一位资深品牌推广经理表示，邀请明星充当合伙人的公司基本上以互联网公司为主，这些公司公关手法新颖，不再以以往的广告代言形式邀请明星，而是将合伙人的概念融入广告代言中，说白了明星出任高管依旧是广告成分大于实际意义，更多的是一种噱头。

到底什么样的明星才能当上高管？曾经与明星有过此类合作的某公司创始人坦言，选取首先要人气高，具有粉丝号召力；同时合作人的概念并非儿戏，如果公司将来考虑上市，明星个人形象要极为正面；最后，明星的品牌价值要和企业文化高度契合，这样双方合作起来才能合拍。

明星创业已不是新闻，如何在如今的创业潮中找到自己的价值，是明星团队经常思考的问题,同时合伙人进入网络公司是明星个人增值的一种体现。这就是为何明星钟爱"高管代言"的原因。至于什么样的公司适合怎样的艺人,有业内人士认为,"一方面是明星个人的兴趣,另一方面是明星和品牌的契合度"。

对此,任某手游"首席创造官"的演员、歌手、主持人陈赫的团队解释陈赫在公司的作用,小到亲自策划此款游戏的 UGC 玩法,设计、制作其中一批游戏地图;大到成立"制作人联盟",公布千万元现金计划奖励有创意的玩家。陈赫本人非常看重这次合作,早前在游戏公司的受聘仪式上还开起了玩笑,说自己这个官不小。陈赫还真是无愧于这一头衔,他曾经直播过玩游戏,还组织 Angelababy、林更新等人一起打游戏。

◈艺人入股:颠覆代言模式

明星代言在广告营销中早已司空见惯,"水涨船高"的代言费用以及无法准确衡量的营销效果都是让企业很苦恼的事情;同时明星的生命周期越来越短,同样对商业代言存在诸多困扰。随着饱受争议的明星代言模式日渐式微,业内也在积极探索新的明星合作模式。

作为一种崭新的商业模式,明星合伙人不同于传统代言模式,也有别于股权投资,明星是以个人品牌成为企业合伙人,明星与企业共同开发专属产品,共同对产品从设计到销售的全过程负责,共同分担产品推广的责任,共同分享产品销售的收益。北京灵思沸点影业(以下简称"灵思")就是这一模式的探路者之一。灵思与蒙牛、羽泉等跨界合作,开发一款牛奶产品——嗨 milk 精选牧场,将明星纳入产品的产业链环节,让羽泉成为全程参与者和产品销售的受益者。目前,灵思已将此模式在餐饮、饮料、酒、服装、汽车、化妆品、家居产品等领域进行了成功复制。

在灵思的明星合伙人模式中，明星与销售业绩直接挂钩，羽泉的收益主要来自于产品的销售额分成而非代言费，这意味着该款产品销售得越多，羽泉的收益就会越多，相当于把羽泉和企业的发展捆绑在了一起。而羽泉也认为这是一个创新行为，是在努力打造一款传递价值观的产品。

在"大众创业、万众创新"和"互联网＋"的风潮下，现实中许多拥有名气和资本的娱乐明星开始"染指"跨界投资，无论是早先投资社交网站和手机短信软件的周杰伦，投资过黄太吉和聚美优品的曾志伟，还是成立 Star VC 的"黄李任"（黄晓明、李冰冰、任泉），抑或是 2015 年 6 月成立创投基金 AB Capital 的 Angelababy（杨颖）等，都在创投圈做得风生水起。而作为天使投资人的羽泉，从事创投行业已有五年时间，一开始凭着兴趣投资传统领域，后来开始对新技术感兴趣，他们已经投资了手游、社交等多个移动互联网项目，也在可穿戴设备、在线旅游等领域做过天使、A 轮投资，并受到创新工场李开复的指点。

创业投资不是羽泉的最后一次跨界创新。2015 年 1 月，在灵思的撮合下决定与蒙牛共同出品"嗨 milk 精选牧场"牛奶。为了打造高品质的产品，羽泉亲自到牧场、工厂实地工作，还邀请明星朋友、粉丝、网友实时互动，共同为产品提出调整和建议。

作为企业合伙人，羽泉及其团队也能顺利实现角色转换。为了推销这款产品，羽泉甚至拿着这款产品送给了 100 位个明星，包括冯小刚、邓超、Angelababy、黄晓明等。而且不管走到哪里，拍戏录歌开演唱会都带着，完全当作自己的产品在推广。此外，羽泉还希望找到与这款产品属性契合的生活圈子，而且还会发动大量粉丝实现圈子营销。

付出就有回报。明星除了能够享受到销售分成，通过企业的营销宣传，对明星也是一种免费的形象推广。企业的电视广告投放、商业活动、媒体宣传都可以保障明星在公众面前的持续曝光。企业也会对合伙明星的个人演艺事业进行赞助，双方以事业伙伴的方式实现共赢。

在灵思总经理何小军看来，明星合伙人模式比传统明星代言模式具有诸多优势，在几年之内至少会抢掉一半的代言市场。他说："第一，它改变了合作关系，明星和企业从对立转变成了合伙，这是最大的优势；第二，它改变了付费模式，从预付费到后付费，这是一个质的改变；第三，改变了营销模式，以前甚至会出现艺人为了赶档期只能应付性地拍宣传片的现象，而明星合伙人的模式是，艺人会愿意投入更多时间和资源参与项目，也愿意调动其圈内好友、合作平台、粉丝团体等参与营销推广，以确保产品的销售效果；第四，改变了一些传统营销观念，不花钱或少花钱照样可以在明星营销上做到事半功倍。"明星合伙人最大的核心是"挖掘粉丝的力量"，因为企业看中明星就是看中他的粉丝。对于如何有效对接企业和明星，何小军表示，"如何对明星的资源和价值进行评估，尤其是对其粉丝群进行分析，比如粉丝的黏性、粉丝的消费力、粉丝对于产品的购买意向等，这些都是至关重要的"。而灵思在这方面比较专业，既有大数据的基础和丰富的明星资源，也有16年整合营销的经验。他认为这一模式不易复制，既要特别懂明星，又要特别懂企业，而且必须要有营销运营能力，如果玩不转这些平台，很难真正去促成合作。

一位资深营销人士表示，明星合伙人模式让明星和企业结成了利益与价值共同体，一荣俱荣，一损俱损，这种平等互利、可持续、按销售分成的方式，可能从根本上颠覆明星代言。

首席饲养官成主流，牧场大学引领变革

2014 年 7 月 16 日，在呼和浩特举办的蒙牛牧场主大学国际技术交流论坛邀请了中国农业大学、东北农业大学、内蒙古农业大学多位具备一线经验的教授，包括丹麦农业知识中心的专家，分享发达国家的"养牛心经"。中国奶业协会、现代奶牛产业体系和中国奶业信息中心等多位领导也到场为学员"打气助威"。论坛传递出的一个强烈信息是：首席饲养官渐成主流，蒙牛牧场主大学引领行业变革。

◈首席饲养官渐成主流

随着奶牛养殖业不断规模化，类似于职业经理人的首席饲养官已经越来越多，甚至有的超越传统的牧场主成为中国奶牛养殖的顶梁柱。例如，陈海彬在内蒙古大学是学经济的，毕业之后在东北干了六七年液态奶和低温奶的销售。他发现从西部牧业、现代牧业再到登陆港股的圣牧高科在股市上备受追捧，养牛这个上游产业链绝对是"兵家必争之地"，而奶业发展这么快自然少不了养牛人，尤其是首席饲养官这种管理人才，于是在齐齐哈尔甘南县搞起了养牛，跨界做首席饲养官，他觉得这是一种职业选择。陈海彬在蒙牛牧场主大学国际技术交流论坛上说："目前国内牧场主是'三分天下'的格局，一是散养户出身的牧场主，资历老、实战经验多，也就是大家眼里传统的牧场主，牧场基本都是自有的，比如刘大伟；二是毕业于大专院校畜牧等相关专业的高材生，学历高、理论多，可以称之为高学历的牧场主；三是半路出家的，但之前在相关领域里工作过，对奶业比较了解，比如刘晓江，懂管理、善经营。"

中国奶业协会秘书长谷继成在论坛上说："事实也证明规模化养殖，与小区、散养相比，在装备、技术、管理、产能、效益上都明显具有优势，2013 年最明显，规模化养殖场的一头奶牛能有几千元甚至上万元的收入，在向现代奶业迈进的国内奶牛养殖业需要更高的人才去驾驭牧场。"

◈蒙牛牧场主大学引领行业变革

国外的大学里有奶牛专业，但国内高校在畜牧业里只有很小的一部分是奶牛专业，这就使得我国在奶牛养殖人员储备上出现缺口，而人才不是一天两天、一个月两个月就能培养出来的，我们需要建立专门的奶牛专业用来培养包括首席饲养官在内的奶牛养殖人员，而蒙牛牧场主就是一个引领行业变革的先行者，是"应运而生"之物。

半路出家的首席饲养官由于想法不一样其结果也不一样，如果有足够多的学习，往往会有很好的效果，不会被各种条条框框束缚。但由于入行时对奶牛养殖缺少实战经验，能否尽快把所需所缺的东西"倒腾明白""吃进肚里"是一道必过的坎。来看看下面首席饲养官刘晓江的例子。

参加蒙牛牧场主大学国际技术交流论坛的刘晓江是呼和浩特市赛罕区的首席饲养官，他从刚入行开始一直坚持"问、听、学"三原则，无论是现在的蒙牛牧场主大学还是之前蒙牛组织的其他交流活动都是他取经的圣地。"养牛对于我来说是一个有意思的行当，但也是一个充满很多不确定因素的行当，我刚做首席饲养官时，最大的挑战就是如何在最短的时间内适应这个角色，对牧场做到百分之百掌控，把奶牛养肥养壮，提高单产、保证质量。"刘晓江承认，自己之所以能够走到今天，还真得感谢蒙牛牧场主大学。

蒙牛牧场主大学雏形其实早已存在，比如牧场主交流群等，刘晓江自称借助牧场主交流群这个平台向其他的牧场主求取了大量"养牛心经"，从给奶牛清粪、美甲、挠痒痒、配种繁育到防疫检测，可谓"事无巨细"。现在的刘晓江每天早上 5 点起床，晚上 12 点入睡，已经习惯的他到点自然醒，不到点睡不着。他每天紧盯奶产量、干物质采食量、粪便和奶牛舒适度；每周检测几次牛奶成分、牛奶质量、饲料加工、饲料粒度、粗饲料质量和奶牛繁殖性能；每月要对奶牛体况进行评分，监测牛群健康、牛奶尿素氮、体细胞数量并核查饲料成本。但即使忙得不可开交，刘晓江也会抽出时间来蒙牛牧场主大学听上几节课。

以蒙牛为代表的行业领军者能够勇担重任，在扩大奶源基地建设的同时，与大专院校合作加大专业人才的培养力度，这个尝试无疑是很有意义的。

多番跨界，麦克纳马拉成跨界名流

全球汽车界一直不乏名流闪现，但像罗伯特·麦克纳马拉这样在政界、军界、商界、金融界各个领域都曾熠熠生辉的人，确实太少，他是一位名副其实的跨界名流。2009 年 7 月 6 日，麦克纳马拉病逝，这个曾经的神童，注定要在美国历史上留下重重的一笔。

❀ 年轻的数字专家

麦克纳马拉在 24 岁时就在普华永道短暂工作过一段时间，后来回到自己获得 MBA 的哈佛商学院，成为那里最年轻和薪水最高的助理教授。1943 年，他加入美国陆军航空队参加"二战"，职责是运用统计方法帮助空军评估和改进轰炸机的使用效率，这是统计学方法早年的典范性运用。事实证明他是一个相当成功的专家，但战争中越多的有效轰炸意味着更多平民的死亡。

❀ 福特公司的"精明小子"

"二战"后不久，麦克纳马拉和夫人都罹患脊髓灰质炎。他很快就康复了，但夫人的病却拖得旷日持久。因为担心负担不起医疗费用，他放弃哈佛的教职，于 1946 年加入薪水更高的福特汽车。当时的福特内部管理混乱，亏损严重，大部分高管没上过大学，对现代管理一无所知。麦克纳马拉和其他几位从空军退役的军官就是在这样的状况下被福特二世纳入旗下，麦克纳马拉他们几个人后来被称为"WhizKids"（精明小子）。

"精明小子"们的任务很简单也很艰巨，就是重振福特，为此，他们将现代管理原则引入福特，用数量方法控制成本和产出，这些背后无处不显现着麦克纳马拉的智慧。在那个以汽车为主要出行工具的年代，麦克纳马拉就想到：家庭主妇根本无须开着两吨重的汽车去买菜，把车做小点不仅节省原材料，也更省油，这样的车肯定有市场。当麦克纳马拉把这个想法告诉管理层时，得到的回应是，你说得都对，但你究竟想要什么样的车，拉风的还是实用的？适合年轻人的还是中产阶级的？显然，麦克纳马拉的想法只考虑到汽车可以量化的部分，却完全忽略了不能量化却同样重要的东西，对数字的敏感和精确是他最大的优点，也是让他屡屡犯错的最大缺点。但在汽车改进这件事上，麦克纳马拉的想法非常正确，也正因为他的建议，福特在 1959 年如他所愿地推出了极为成功的紧凑型"猎鹰"系列汽车，几年后又推出同样成功的瘦身版"林肯"系列汽车。

就在福特在"精明小子"们的带领下逐渐扭亏为盈时，麦克纳马拉的事业也蒸蒸日上。1960 年 11 月，不到 45 岁的他成为仅次于福特二世的公司总裁，此前从不曾有"外人"在福特做到如此高的位置。5 周后，新当选的美国第 35 任总统约翰·费茨杰拉德·肯尼迪邀请麦克纳马拉出任国防部长，麦克纳马拉后来曾半开玩笑地回忆道，自己当时连核弹头和旅行车有什么区别都不知道。他对肯尼迪抗议说："这太荒谬了，我根本不合格。"而肯尼迪的回答却是："这世界上也没有训练总统的学校。"为了这份年薪 2.5 万美元的工作，麦克纳马拉放弃的是在福特公司价值 300 万美元的股票和期权。

◈数字神化的国防部长

很多人将麦克纳马拉描述成"鹰派人物"和"冷战干将"，但就像麦克纳马拉过去的经历一样，他在很大程度上更像一个极其精明，但有时会忽略很多重要因素的技术官。

比如，在美苏冷战时期重要的局部战争——1955 ~ 1975 年的越南战争中，麦克纳马拉对数字的强调则遮蔽了决定战争走向的其他因素。他用出动战机数、投弹量和杀敌数来衡量战争的进展，投入越来越多的美国军队却只得到不断增加的伤亡人数，而不是预期中"必然的""逻辑注定的"胜利。他在后来悔悟道："战争的复杂性超越了人类思维能够理解的极限，我们的判断和理解都是不足的。"

又如，在美苏冷战时期最严重的正面对抗事件——1962 年的"古巴导弹危机"中，他在美国军方已制订好入侵古巴方案的背景下仍强烈反对动武。他的考虑很简单：美国一旦入侵古巴，苏联就极可能入侵部署有美国导弹的土耳其，事情一旦到了那个地步，就可能变得不可收拾。所以他的建议是美国撤除在土耳其的导弹，这正是最后美国与苏联私下和解时提出的交换条件。

数字同样宣判了麦克纳马拉犯下的"罪行"：美军在他任上就阵亡了16000 人，整个越战又吞噬了 42000 名美军士兵的生命，在这背后更是数以百万计的越南军民伤亡。他在 1966 年就认识到自己犯下的错误，他开始怀疑美国是否能战胜那些游击队员，他们曾经在同一片丛林将法军赶出去。他得出美国不可能在越南取胜的结论，并私下反对再增兵越南。这使他失去了肯尼迪的接任者林登·约翰逊总统的信任，后者认为他开始打和平牌，有向政治对手小肯尼迪靠拢之意。麦克纳马拉也说不清楚他是自己辞职的还是被解雇的。1968 年 2 月 29 日，麦克纳马拉离开五角大楼，他在自己的离职庆典上情绪激动得无法开口说话。约翰逊搂着他的肩膀，陪着他回到了房间。麦克纳马拉从此开始了他长达 13 年的世界银行行长生涯。

◈ 事与愿违的世界银行行长

无论是在国防部还是世界银行，麦克纳马拉都试图重新塑造这两个机构，但在福特取得的成功没有再次出现。在国防部，他推行用量化方式帮助进行重大决策的"系统分析法"，这件事本身的争议性和他时而傲慢的性格使取得的成功十分有限：国防部确实更有效率了，但远不是他希望的那样。而在世界银行，他将其主要目标由支持重建转向消除贫困，大幅增加对贫困国家的贷款。但这些贷款并未真正减少贫困，反而让一些国家背上沉重的债务负担。在他任上，世界赤贫人口不但没有减少，反而增加了2亿。

　　上述这些夺目的经历让麦克纳马拉的生命缤纷多彩，但回首这波澜壮阔的一生，他最难忘的还是那段战争岁月。毕竟，他曾陷入一段如此惊心动魄的战事，成为让一个大国陷入不可思议的战败局面的主角。曾经有人在他办公室外自焚来抗议越战，但是，这个人的坚定实在让人佩服。在导演埃罗尔·莫里斯的影片《战争迷雾》里，麦克纳马拉总结了"生命中的11个教训"，将福特公司大繁荣、轰炸东京、越南战争等历史事件浓缩提炼，生动地诠释了一生中的许多至理名言。而这些至理名言，正是他作为一位名副其实的跨界名流的多番跨界后所得。

参考文献

［1］王磊，周冀．无边界［M］．北京：中信出版社，2015.

［2］钱宏．中国：共生崛起［M］．北京：知识产权出版社，2012.

［3］魏长青．执行能力［M］．北京：国家行政学院出版社，2011.

［4］徐杰．共生经济学［M］．北京：中共中央党校出版社，2015.

［5］孟醒．MBA 教不了的创富课［M］．北京：当代中国出版社，2011.

［6］孙陶然．创业 36 条军规［M］．北京：中信出版社，2011.

［7］石泽杰．无边界竞争［M］．北京：机械工业出版社，2016.

［8］成栋．"＋"式思维：使您梦想成真的思维方式［M］．北京：中国档案出版社，1997.

［9］张相斌，林萍，刘立．现代企业合作中资源优化配置：基于逆优化方法的研究［M］．北京：科学出版社，2014.

［10］［美］迈克尔·波特．竞争优势［M］．陈小悦译．北京：华夏出版社，2005.

［11］［美］卢克·威廉姆斯．颠覆性思维——想别人所未想，做别人所未做［M］．房小冉译．北京：人民邮电出版社，2011.

［12］［加拿大］罗杰·马丁．整合思维：成功者与平庸者的分水岭［M］．胡雍丰，仇明璇译．北京：商务印书馆，2008.

后 记

我们正处在改革创新的年代。世界在变化，社会在变革，企业在转型。身处于改革潮流之中的我们每一个人，只有不断超越自我，才能领导他人，才能引导组织变革与高效创新。当今的企业领导者必须不断学习，提升跨界、整合能力，不然就很有可能被淘汰。

做一个跨界领导者，要有直面新挑战、适应新环境、擅长实践的方法和技能，跨领域高效工作的能力；要积极找寻不同领域的共性，自如切换角色，选择恰当方法，成为有很强适应性的跨界领导；要围绕主题逐渐积累相关的专业知识，并能触类旁通，举一反三，突破单一领域的知识障碍，在新的高度上解决新的问题；要努力打造跨界人际网络，并通过与各界人士的有效沟通、情感交流，实现跨界与整合资源。

做"首席跨界官"，任重而道远，虽曲折但光明，愿以此共勉。